NINA MEYER
DIE BIOKÖCHIN

ZWISCHEN METT, DIM SUM UND KÄSSPÄTZLE

Nina Meyer
Die Bioköchin

Zwischen Mett, Dim Sum und Kässpätzle

1. Auflage 2023

Regionalia Apart
ein Imprint der
Kraterleuchten GmbH
Gartenstraße 3
54550 Daun

Verlagsleitung
Sven Nieder
Konzept und Design
Julia Amelung // Hasegold GmbH
Fotos
Oliver Goetz
Lektorat
Tim Becker

Gedruckt in der Europäischen Union
Finidr, Tschechien

ISBN 978-3-95540-713-1
regionalia-apart.de

Für die Rezeptangaben in diesem Buch sind ausschließlich die Autorin und der Verlag verantwortlich.

„ICH BIN MIR
GANZ SICHER,
DASS WIR
DIE WELT
MIT ESSEN
VERBESSERN
KÖNNEN."

NINA MEYER
DIE BIOKÖCHIN

ZWISCHEN METT, DIM SUM UND KÄSSPÄTZLE

ICH LIEBE EUCH.
ICH BEWUNDERE EUCH.
ICH FEIER EUCH.

Dieses Buch ist für meine Kinder
Konstantin und Laurenzia-Magenta.

ICH BIN NINA MEYER.

Ich hatte immer wieder das Gefühl: Es kann doch nicht sein, dass dir kochen so leichtfällt, und wenn das so ist, dann kann es doch nicht richtig sein.

Meine Uroma Rosa Feuerstein war Köchin. Meine Oma Erika Nenning war Köchin und mein Papa Bernd Meyer wusste bereits mit drei Jahren, dass er Koch werden wollte.

Ich bin mit meinen drei jüngeren Geschwistern im Hotel Ifenblick aufgewachsen. Bernd und Sonja hatten das Haus von Erika und Wilfried Nenning, Sonjas Eltern, übernommen. Man hatte mich bereits als Baby, im Kinderwagen, ins Backoffice der Küche geschoben und mit sieben Jahren wusste ich, was in den Mise-en-place-Schubladen war und konnte mir auf dem großen Gasherd Spätzle mit Rahmsoße und Schweinefilet kochen.

Köchin wollte ich als Jugendliche allerdings nicht werden. Modedesignerin, Schauspielerin oder Grafikerin waren damals meine Berufswünsche. Mode ist eine meiner Leidenschaften geblieben, beruflich verlief mein Leben aber ganz anderes. Mit 15 bin ich nach Bludenz ins Internat der Hotelfachschule gewechselt, weil im Allgäu der schulische Weg sein Ende fand. In der Schule habe ich meine Ausbildung zur Köchin und Restaurantfachfrau gemacht. Ich hatte als eine von nur drei Absolventen ein „sehr gut" in der Kochprüfung bekommen. Ich musste Geflügelrahmsuppe, Lachs unter Walnusskruste mit Rahmwirsing und Pasta sowie Schokoladenmousse mit Orange kochen.

Das war 1999. Und das Spannende daran war, ich musste mich dafür nicht anstrengen oder groß lernen. Meine Hände und mein Gaumen spielten zusammen und es ging ganz einfach. Nach der Schule war mir klar, dass ich nicht im Service arbeiten wollte. Ich fand den Mikrokosmos Küche aufregender, schillernder, mehr Rock'n'Roll. Ich fühlte mich hinterm Herd, in der Küche wohler und trug gerne die Kochuniform und fand mich in ihr schick.

Ich arbeitete drei Jahre in unterschiedlichen Küchen. Im Sommer in der regionalen Sternegastronomie und im Winter im Ifenblick. 2002 habe ich einen Versuch unternommen, mich aus der Küche zu verabschieden und bin nach Zürich auf die Hotelfachschule gewechselt, um Gastronomie-Management zu studieren. 2003 machte ich meinen Abschluss zur eidgenössisch diplomierten Hôtelière-Restauratrice HF. Ich bekam mein Diplom im Dezember. Und weil mir snowboarden damals echt wichtig war, ging ich zurück in den Ifenblick. Im Mai 2004 wurde ich schwanger und 2005 kam mein erstes Kind zur Welt. 2007 mein zweites und ich habe während der Zeit immer als Aushilfe in der Küche im Ifenblick gearbeitet.

Restaurantzeiten bzw. Essenszeiten sind automatisch immer auch die Zeit, in der Kinder ihre Mama brauchen, darum war ich mehr bei meinen Kindern als in der Küche. 2011 wurde mein Sohn eingeschult und mit seiner Einschulung fing ich an, in der Schule zu arbeiten. Erst als Mama-Aushilfe in der Schulmensa, dann mit einem eigenen Konzept für eine Art Hauswirtschaftsunterricht, bis ich 2019 die Küche im Ifenblick von meinem Vater übernahm.

Mit diesem Buch halte ich einen Teil meiner kulinarischen Wurzeln fest und präsentiere auch ein wenig die Blüten, die diese Wurzeln hervorbringen.

DARUM MACHE ICH BIO OHNE AUSNAHME!

Mein Papa hatte Anfang der 2000er Jahre, in Zeiten der BSE-Krise, keine Lust mehr auf anonymen Fleischeinkauf. Er wollte aus dem System aussteigen, in dem Fleisch nur noch eine Handelsware in Vakuumbeuteln war, die zu möglichst niedrigen Preisen verkauft wurde – und bei der er weder den Bauer oder den Metzger noch deren Arbeitsweise kannte.

Damals kochten wir im Ifenblick Halbpension. Es gab morgens das Frühstücksbuffet und auf den Tischen unserer Gäste lag die Menüauswahl für das Abendessen. Sie kreuzten dann an, was sie abends gerne essen wollten – und unsere Küche bereitete ihnen das dann zu. Bei 100 Hausgästen war die übliche Verteilung ungefähr so: 70 x Fleisch, 20 x Fisch, 10 x Vegetarisch

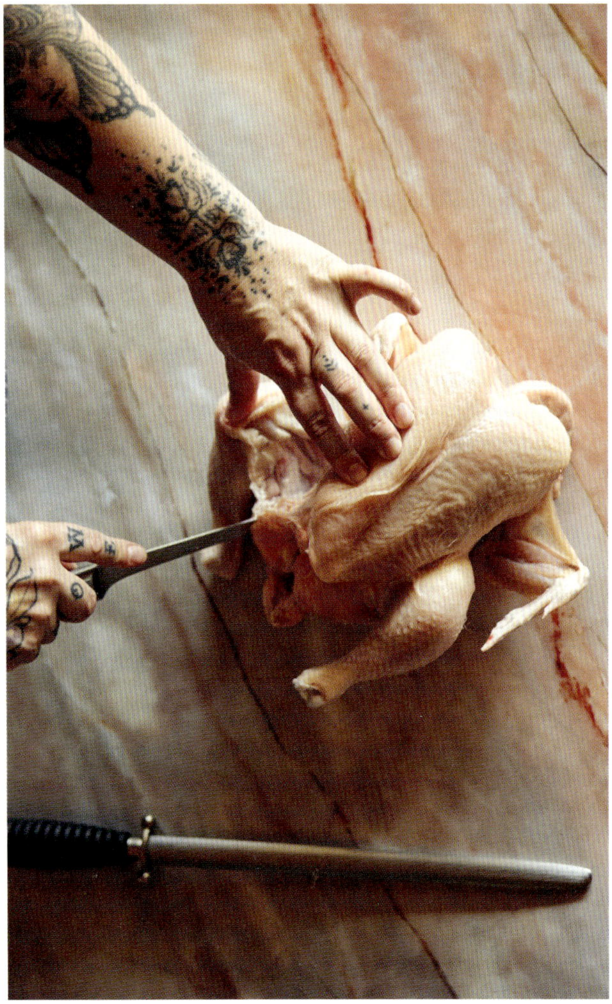

Was passiert, wenn 70 Personen für den Abend panierte Schnitzel vom Schwein bestellen? Dann brauchen wir ca. 13 kg Schweinefleisch. Eine Schweinehüfte wiegt ca. 1,4 kg, so benötigen wir 9,2 Schweinehüften, um auf die 13 kg zu kommen. Dann muss man also 10 Hüften kaufen, weil der Metzger dir nicht 9,2 verkauft. 10 Hüften bedeutet: 5 Schweine. Und was passiert mit dem Rest der Schweine? An diesem Punkt wurde meinem Vater dann klar, er möchte das ganze Tier verarbeiten, keine Reste übrig lassen, mit denen dann irgendwer irgendwas machen muss.

Und außerdem:

> Bio kommt ohne künstliche Dünger, Pestizide und Herbizide aus. Alles Gift, das nicht auf die Felder und die Feldfrüchte ausgebracht wird, gelangt nicht in die Lebensmittel, den Boden und am Ende auch nicht in unsere Körper.

> Durch Bio-Landwirtschaft und ihre nachhaltige Arbeitsweise wird die Umweltbelastung minimiert. Biodiversität wird erhalten und der Einsatz von Wasser erfolgt überlegt. Das trägt zum Erhalt von gesunden und fruchtbaren Böden und letztlich dem Erhalt unseres Ökosystems bei. Gerne rege ich auch dazu an, sich selbst damit zu befassen, was man vielleicht im eigenen Garten oder auf dem eigenen Balkon tun kann, um für Artenvielfalt zu sorgen.

> Bio schafft Transparenz und Vertrauen. Bio-Lebensmittel unterliegen strengen Zertifizierungsstandards, die von unabhängigen Stellen überwacht werden. Verbraucherinnen und Verbraucher können sich auf die Bio-Kennzeichnung verlassen, um qualitativ hochwertige Produkte zu identifizieren, die den ökologischen und ethischen Standards entsprechen. Diese Transparenz schafft Vertrauen zwischen Produzenten und Konsumenten und ermöglicht informierte Kaufentscheidungen. Die Wertekette im Bio-Bereich ist darauf ausgerichtet, fair und gerecht für alle Beteiligten zu sein. Die Bio-Bauern erhalten faire Preise für ihre Produkte, da die Kosten für nachhaltige Praktiken und strengere Qualitätsstandards berücksichtigt werden. Durch den direkten Kontakt zwischen Erzeugern und Verbrauchern entstehen enge Beziehungen und langfristige Partnerschaften, die eine nachhaltige Entwicklung fördern.

> Bio-Landwirtschaft fördert die lokale Wirtschaft, indem sie regionale Kreisläufe stärkt. Bio-Bauern arbeiten oft eng mit lokalen Verarbeitungsbetrieben, Vertriebskanälen und Märkten zusammen. Dies schafft Arbeitsplätze in der Region, unterstützt kleine und mittlere Unternehmen und trägt zur Stärkung der lokalen Gemeinschaft bei. Hier möchte ich besonders das Projekt „Allgoiß" hervorheben. Im Ifenblick sind wir seit Beginn des Projektes dabei, weil uns wichtig ist, Zusammenhänge im Ganzen zu begreifen und danach zu handeln. Die Ziegenbauern können viel Ziegenmilch und viel Ziegenkäse vermarkten. Das bedeutet: im Schritt vor der Milch braucht es trächtige Ziegen, die Junge zur Welt bringen. Nicht alle Kitze sind weiblich und können in die Herden übernommen werden. Was passiert also mit den Jungtieren? Ziegenfleisch ist in unserem Kulturkreis kaum bekannt und es haftet ihm das Image an, dass es „böckelt". Ich habe das Gegenteil festgestellt. Es ist sehr zartes Fleisch, auch im Geschmack. Auf Seite 145 finden Sie ein passendes Rezept, wie man das Fleisch zubereiten kann.

UND:
MAN SCHMECKT
ES EINFACH!

„SIE SIND SCHON GROSS, SIE DÜRFEN AUCH DEN KUCHEN ALS ERSTES ESSEN."

KUCHEN

BUTTER UND BROT

BUTTER

BROTE

BUTTERBROTE

WER SAGT, DASS KUCHEN ZUM SCHLUSS KOMMT?

Oft sehe ich unsere Gäste im Ifenblick, wie sie mit großem Appetit auf unsere Kuchen und das Dessert blicken. Dann sage ich immer: „Sie sind schon groß. Sie dürfen auch den Kuchen und/oder das Dessert als Erstes essen."

Es ist eine nachhaltige Erkenntnis meines Lebens, dass man essen darf, was und in welcher Reihenfolge man will. Es ist lediglich eine Norm, dass man Dessert zum Schluss isst, an die muss man sich nicht halten. Also, warum nicht damit starten?

Darum, und weil Kuchen bei Oma Edith in Minden ein fester Bestandteil des Tagesablaufs war, habe ich die Kuchen ganz an den Anfang meines Kochbuchs gestellt!

APFELGUGELHUPF

ZEITEN Zubereitungszeit: 20 Minuten // Backzeit: 50 Minuten
EQUIPMENT 1 Gugelhupfform

ZUTATEN

200 g weiche Butter
200 g Zucker
3 Stk. Eier
2 Stk. säuerliche Äpfel
400 g Weizenmehl
2 TL Backpulver
60 g Rosinen
2 EL Rum
150 ml Milch

ZUBEREITUNG

Ofen auf 175 °C Umluft vorheizen.

200 g weiche Butter mit den Schneebesen des Handrührgerätes aufschlagen, bis sich sanfte Spitzen bilden. 200 g Zucker dazu geben und weiter schlagen. Nach und nach die 3 Eier dazu geben.

2 Äpfel grob raspeln und unter die Butter-Ei-Mischung ziehen.

400 g Mehl und 2 TL Backpulver mischen. Die Hälfte vom Mehl zum Teig geben und durchrühren. 150 ml Milch, 2 EL Rum und 60 g Rosinen dazu geben und durchrühren. Den Rest des Mehls einrühren.

Eine Gugelhupfform einfetten und den Teig einfüllen. Den Kuchen auf der mittleren Schiene im Ofen für ca. 50 Minuten backen. Kuchen aus dem Ofen nehmen und ihn auf ein Kuchengitter stürzen.

Mindestens 15 Minuten warten vor dem Versuch, den Kuchen aus der Form zu nehmen. Meistens lässt sich der Kuchen leichter aus der Form lösen, wenn Kuchen und Form schon etwas abgekühlt sind.

APRIKOSENKUCHEN

MIT STREUSEL

ZEITEN Zubereitungszeit: 35 Minuten // Backzeit: 45 Minuten
EQUIPMENT eine Springform (dann bleibt etwas Teig übrig) oder ein Backblech

ZUTATEN

Hefeteig
250 g Dinkelmehl
½ Pck. Trockenhefe
30 g brauner Zucker
1 Prise Salz
130 ml Milch
50 ml Öl
1 Ei

Belag
ca. 500 g reife Aprikosen
3 EL Aprikosenmarmelade

Streusel
100 g Zucker
100 g gemahlene Haselnüsse
200 g Dinkelmehl
200 g Butter oder Öl

ZUBEREITUNG

Hefeteig zubereiten siehe Seite 23, min. 30 Minuten gehen lassen (bis er doppelt so groß ist), ausrollen.

Aprikosen waschen, halbieren und den Stein entfernen. Aprikosenmarmelade auf dem Hefeteig verteilen und die Aprikosen darauf setzen.

Backofen auf 180 °C vorheizen.

Für die Streusel 100 g Zucker, 100 g gemahlene Haselnüsse, 200 g Dinkelmehl, 200 g Butter oder Öl zu einem krümeligen Teig kneten.

Die Streusel über die Aprikosen verteilen und für ca. 45 Minuten backen.

BAYERISCHE CREME

ZUTATEN

1 Vanilleschote (Mark)
500 ml Milch
125 g Zucker
4 Eigelb
6 Blatt Gelatine
500 ml Sahne

ZUBEREITUNG

Vanilleschote längs halbieren und das Mark herauskratzen. Vanillemark in 500 ml Milch mit 125 g Zucker aufkochen. 6 Blatt Gelatine in kaltem Wasser einweichen. 4 Eier trennen. 500 ml Sahne steif schlagen. Gelatine in die aufgekochte Milch geben.

Milch vom Herd nehmen und eine Schöpfkelle der Milch zum Eigelb geben und kräftig rühren. Die Milch sollte nicht mehr ganz heiß sein. Nun nach und nach den Rest der Milch zu den Eiern geben. Die Mischung in den Kühlschrank stellen. Sahne steif schlagen und kalt stellen. Wenn die Vanillemasse zu stocken beginnt, erst die eine Hälfte der geschlagenen Sahne unterheben und dann die andere Hälfte. Dadurch bleibt die Masse lockerer. In eine Schüssel oder kleine Tassen abfüllen und mindestens 2 Stunden kalt stellen.

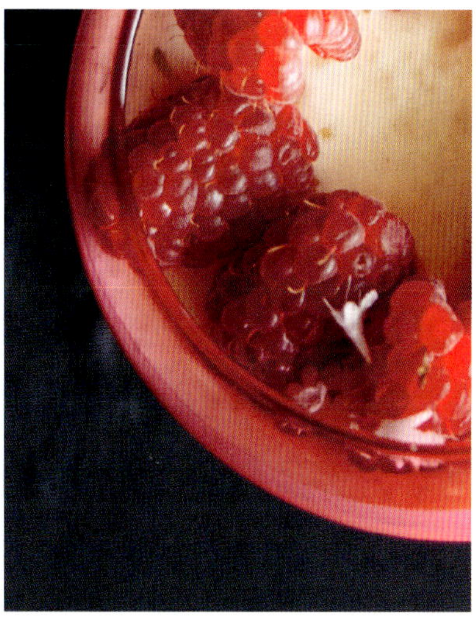

BUTTERKUCHEN*

*
REZEPT VON OMA LENI
HÄNDE VON PAPA BERND

ZEITEN Zubereitungszeit: 1 Stunde // Backzeit: 20–25 Minuten
MENGE für ein Blech

ZUTATEN

400 g Mehl
1 Würfel Hefe
200 ml Milch
180 g Butter
180 g Zucker
1 TL Salz
1 Pck. Vanillezucker
1 Ei
3 EL Öl
1–2 EL Sahne

ZUBEREITUNG

200 ml Milch mit 1 TL Zucker und 1 EL Öl in einem Töpfchen auf dem Herd erwärmen.

In eine Schüssel 400 g Mehl sieben. In das Mehl eine Mulde drücken und den Würfel Hefe hinein bröseln. Vorsichtig 200 ml Milch dazu gießen und die Hefe darin auflösen.

Etwas Mehl vom Rand dazu rühren. Mit einem feuchten Tuch bedecken und für 15 Minuten gehen lassen. Danach das restliche Öl und das Ei dazu geben und alles mit einem Holzlöffel verrühren.

Den Teig auf eine bemehlte Arbeitsfläche geben und kneten, dann zurück in die Schüssel geben, abdecken und für weitere 20 Minuten gehen lassen.

Nun den Teig nochmals kurz kneten und dann auf ein mit Backpapier belegtes Backblech legen und ausrollen. Mit einer Gabel einstechen und nochmals zugedeckt für 20 Minuten gehen lassen. Den Ofen auf 200 °C vorheizen.

Wenn der Teig deutlich sein Volumen vergrößert hat, 180 g Butter in Stückchen auf dem Kuchen verteilen und dabei leicht andrücken.

Den restlichen Zucker mit 1 Pck. Vanillezucker mischen und auf dem Kuchen verteilen. Den Kuchen in den Ofen schieben und für 20–25 Minuten backen. Aus dem Ofen nehmen und die flüssige Sahne auf den Kuchen pinseln. Auf einem Kuchengitter auskühlen lassen.

Das ist die Hefeteigschüssel von meiner Oma Leni. Die Schüssel ist bestimmt schon 130 Jahre alt.

CHARLOTTE ROYAL 1

ZUTATEN

Biskuit
5 Eier
130 g Zucker
1 EL Vanillezucker
80 g Dinkelmehl
45 g Speisestärke
1 EL Backpulver
Puderzucker
200 g Erdbeermarmelade

Bayrische Creme
500 ml Milch
125 g Zucker
4 Eigelb
6 Blatt Gelatine
500 ml Sahne
1 Vanilleschote (Mark)
Einen Teil Zucker durch Vanillezucker ersetzen

1–2 EL Erdbeermarmelade
Beeren oder Füchte der Saison

ZUBEREITUNG

5 Eier trennen und das Eiweiß mit ca. ⅓ Zucker steif schlagen. ⅓ Zucker langsam einrieseln lassen. Das Eigelb mit 3 Esslöffel heißem Wasser anrühren, den restlichen Zucker und 1 EL Vanillinzucker hinzufügen und mindestens 5–6 Minuten schaumig rühren. Danach das Eiweiß vorsichtig unter die Eigelbmasse heben.

80 g Mehl mit 45 g Speisestärke und 1 EL Backpulver mischen, darüber sieben und vorsichtig unterheben.

Ein Backblech mit Backpapier auslegen und den Biskuitteig darauf streichen. Bei 175 °C Umluft ca. 12 Minuten backen. Nicht zu braun werden lassen.

In der Zwischenzeit ein Geschirrtuch mit Puderzucker bestäuben. Wenn der Biskuit gebacken ist, den Kuchen auf das gezuckerte Tuch stürzen. Auf das Backpapier ein feuchtes Geschirrtuch legen, dann das Backpapier abziehen. Nun das Tuch mit dem Biskuit aufrollen und den Kuchen auskühlen lassen.

Charlotte Royal ist einer der großen Dessertklassiker. Vermutlich wurde dieser Anfang des 19. Jahrhunderts in England kreiert. Ich kenne Charlotte Royal aus der Hotelfachschule in Zürich. Im Restaurant „Belvoir Park", welches der Schule angegliedert war, gab es einen Dessertwagen.

Damals war es so, dass wir Schülerinnen und Schüler im Wechsel auch im Restaurant arbeiten mussten. Man hatte eine normale Kellnerstation und wenn die Gäste mit dem Essen fertig waren, fragte man natürlich nach dem Dessert.

Dazu holte man den Dessertwagen, den man sich wie einen großen Barwagen oder wie ein Sideboard aus dem Wohnzimmer auf Rollen vorstellen kann. Auf diesem Gestell standen Puddings, Cremes, Tartes, Obstsalat, frische Beeren, Cremeschnitten und Charlotte Royal. Mit dem Wagen rollte man dann zum Tisch der Gäste und servierte, was die Herrschaften sich aussuchten.

Ich liebe diesen Klassiker!

CHARLOTTE ROYAL 2

ZUTATEN

Biskuit
5 Eier
130 g Zucker
1 EL Vanillezucker
80 g Dinkelmehl
45 g Speisestärke
1 EL Backpulver
Puderzucker
200 g Erdbeermarmelade

Bayrische Creme
500 ml Milch
125 g Zucker
4 Eigelb
6 Blatt Gelatine
500 ml Sahne
1 Vanilleschote (Mark)
Einen Teil Zucker durch Vanillezucker ersetzen

1–2 EL Erdbeermarmelade
Beeren oder Füchte der Saison

ZUBEREITUNG

500 ml Milch mit 125 g Zucker und Vanille aufkochen. 6 Blatt Gelatine in kaltem Wasser aufweichen.

4 Eier trennen. 500 ml Sahne steif schlagen.

Die Gelatine in die aufgekochte Milch geben. Dann die Milch vom Herd nehmen und eine Schöpfkelle der Milch zum Eigelb geben und kräftig rühren. Die Milch sollte nicht mehr ganz heiß sein. Nun nach und nach den Rest der Milch zu den Eiern geben.

Die Mischung in den Kühlschrank stellen. Wenn die Masse zu stocken beginnt, erst die eine Hälfte der geschlagenen Sahne unterheben und dann die andere Hälfte.

Das Geschirrtuch aus dem Biskuit nehmen und mit Erdbeermarmelade hineinstreichen. Die Biskuitrolle in 1–1,5 cm dicke Scheiben schneiden.

Eine Salatschale mit Öl einpinseln und mit Frischhaltefolie auslegen. Die Schale nun mit den Biskuitscheiben auslegen und dann die Bayrische Creme hineinfüllen. Mit Frischhaltefolie abdecken und für mindestens 2 Stunden in den Kühlschrank stellen.

Nach der Kühlzeit die Charlotte Royal auf einer Tortenplatte stürzen und mit Beeren oder Früchten der Saison garnieren.

TIPP Wenn Beerensaison ist, kann die Charlotte mit frischen Früchten garniert werden.

HEIDELBEERTORTE

MIT NUSSBODEN

ZEITEN Zubereitungszeit: 2 Stunden // Backzeit: 30 Minuten
EQUIPMENT 26 cm Tortenring und Springform

ZUBEREITUNG

Den Backofen auf 165 °C vorheizen. Die Backform mit Backpapier auslegen.

Für den Nussboden 5 Eier trennen. Die Eiweiße mit einer Prise Salz und 50 g Zucker steif schlagen. Die Eigelbe und 80 g Butter mit 50 g Zucker kremig aufschlagen. 200 g gemahlene Haselnüsse mit 100 g Schokoladenraspeln und 1 TL Backpulver mischen.

Die Hälfte der trockenen Zutaten unter die Eigelbmasse heben, dann die Hälfte des Eiweißes unterheben. Danach den Rest der Zutaten ebenso verarbeiten.

Den Kuchenteig in die Form füllen und für ca. 30 Minuten backen. Aus dem Ofen nehmen und ca. 15 Minuten abkühlen lassen, bevor er aus der Form gelöst wird. Dann den Kuchen auf einem Kuchengitter komplett auskühlen lassen.

500 g Heidelbeeren mit 100 ml Wasser, 120 g Zucker, Zitronensaft und -Abrieb in einem Topf mischen und aufkochen. Die Mischung mit Tortenguss abbinden. Dazu das Tortengusspulver mit 2 EL Wasser glattrühren und dann zu den kochenden Heidelbeeren gießen und für ca. 2 Minuten köcheln lassen.

Den Nussboden auf eine Tortenplatte legen und einen Tortenring um den Boden legen. Die Heidelbeeren auf den Kuchen gießen und glattstreichen. In den Kühlschrank stellen und auskühlen lassen.

750 g Sahne mit 6 TL Sahnesteif aufschlagen. Die Sahne in einen Dressiersack füllen und ca. ¾ davon auf dem Kuchen glatt verteilen. Mit dem Rest der Sahne Tupfen um den Rand der Torte spritzen. Nun vorsichtig 200 ml Eierlikör auf die Torte gießen. Mit Schokoladenraspeln und Heidelbeeren garnieren.

ZUTATEN

Nussboden
5 Eier
1 Prise Salz
80 g weiche Butter
100 g Zucker
200 g gemahlene Haselnüsse
100 g geraspelte Zartbitterschokolade + etwas mehr zur Garnitur
1 TL Backpulver
2 EL Rum

Heidelbeerschicht
500 g frische oder tiefgefrorene Heidelbeeren + einige frische Heidelbeeren zur Garnitur
100 ml Wasser
Saft und Abrieb einer halben Zitrone
120 g Zucker
2 Pck. roten Tortenguss

Sahneschicht
750 g Schlagsahne
6 TL Sahnesteif
200 ml Eierlikör

Wir Meyers lieben Kuchen. Und diese Torte ist einer der absoluten Evergreens aus Oma Ediths Repertoir

KÄSESAHNE

ZEITEN Zubereitungszeit: 60 Minuten // Backzeit: 30 Minuten // Kühlzeit: mindestens 2 Stunden
EQUIPMENT 26 cm Tortenring und Springform

ZUTATEN

Biskuit
5 Eier
130 g Zucker
1 EL Vanillezucker
80 g Dinkelmehl
45 g Speisestärke
1 EL Backpulver

Käsemasse
8 Blatt Gelatine
500 g Quark
¼ L Milch oder Fruchtmark
200 g Zucker
Abrieb einer Zitrone
½ L Sahne

ZUBEREITUNG

5 Eier trennen und das Eiweiß mit ca. ⅓ Zucker steif schlagen. ⅓ Zucker langsam einrieseln lassen. Das Eigelb mit 3 Esslöffel heißem Wasser anrühren, den restlichen Zucker und 1 EL Vanillinzucker hinzufügen und mindestens 5–6 Minuten schaumig rühren. Danach das Eiweiß vorsichtig unter die Eigelbmasse heben.

80 g Mehl mit 45 g Speisestärke und 1 EL Backpulver mischen, darüber sieben und vorsichtig unterheben.

Den Kuchenteig in die Form füllen und für ca. 30 Minuten bei 175 °C Umluft backen. Aus dem Ofen nehmen und ca. 15 Minuten abkühlen lassen, bevor er aus der Form gelöst wird. Dann den Kuchen auf einem Kuchengitter komplett auskühlen lassen.

Bisquitboden auf eine Tortenplatte setzten und einen Tortenring darumlegen.

8 Blatt Gelatine einweichen. 500 g Quark mit ¼ L Milch und 200 g Zucker glattrühren. Zitronenabrieb unterrühren.

½ L Sahne mit einer Prise Salz steif schlagen. Gelatine ausdrücken und auf dem Herd verflüssigen. 3 EL der Quarkmasse zur Gelatine geben, dann alles unter die Quarkmasse rühren.

Sahne unter die Quarkmasse heben. Käsemasse dann auf den Bisquitboden gießen. Für mindestens 2 Stunden in den Kühlschrank stellen.

Vor dem Servieren aus dem Tortenring lösen.

KIRSCHKUCHEN
MIT MANDELN

ZUTATEN

100 g gemahlene Mandeln
150 g Mehl
3 EL Puderzucker
1 Prise Salz
2 Eier
175 g Butter
2 EL Paniermehl
500 g Kirschen
750 ml Milch
150 g + 1 EL Zucker
80 g Speisestärke
90 g Marzipan
100 g Mandelstifte

Puderzucker zum Bestäuben
Mehl für die Arbeitsfläche
Fett für die Form

ZUBEREITUNG

150 g Mehl, 100 g gemahlene Mandeln, 3 EL Puderzucker, 1 Prise Salz, 1 Ei, 1 EL kaltes Wasser und 125 g kalte Butter in kleinen Stückchen in eine Rührschüssel geben.

Zuerst mit den Knethaken des Handrührgerätes, dann mit den Händen zu einem glatten Mürbeteig verkneten. Den Teig auf einer bemehlten Arbeitsfläche rund (ca. 32 cm Ø) ausrollen und eine gefettete Springform (ca. 26 cm Ø) damit auslegen, Rand dabei andrücken. Teigboden mehrmals mit einer Gabel einstechen, mit 2 EL Paniermehl bestreuen und ca. 30 Minuten kalt stellen.

500 g Kirschen waschen, gut abtropfen lassen, entstielen, halbieren und Steine entfernen. Kirschen auf dem Mürbeteigboden verteilen.

Den Backofen auf 175 °C vorheizen.

650 ml Milch, 150 g Zucker und 90 g Marzipan aufkochen. 100 ml Milch und 80 g Speisestärke verrühren. Angerührte Stärke in die heiße Milch rühren und unter weiterem Rühren ca. 1 Minute aufkochen. Pudding von der Herdplatte ziehen, 1 Ei unterrühren und Pudding sofort in die Form gießen und ca. 35 Minuten backen.

50 g Butter, 1 EL Zucker und 3 EL Sahne aufkochen und 100 g Mandelstifte einrühren. Mandelguss nach ca. 20 Minuten Backzeit auf dem Kuchen vorsichtig verteilen und weiter backen. Kuchen herausnehmen und ca. 4 Stunden auskühlen lassen.

APFELMUSKUCHEN*

*VON OMA EDITH

ZEITEN Zubereitungszeit: 30 Minuten // Backzeit: 1 Stunde

ZUTATEN

500 g Dinkelvollkornmehl
200 g Rohrzucker
150 ml Rapsöl
2 Eier
1 EL Vanillezucker
1 Pck. Backpulver
1 Prise Salz
650 g Apfelmus, ohne Zusatzstoffe

ZUBEREITUNG

Alle Zutaten bis auf das Apfelmus zu Streuseln verarbeiten. Eine Springform einfetten und mit ca. der Hälfte der Streusel den Boden belegen. Gut andrücken. Nun das Apfelmus darauf verteilen und mit den restlichen Streuseln bedecken.

Den Kuchen bei ca. 170 °C für 1 Stunde backen. Den noch heißen Kuchen mit einem Esslöffel Zucker bestreuen.

Übrigens schmeckt der Kuchen noch besser, wenn man ihn erst am nächsten Tag isst.

„Kuchen lösen keine Probleme. Aber das tun Äpfel ja auch nicht!“

STACHELBEERKUCHEN

MIT MOHN UND MARZIPANDECKE

ZEITEN Zubereitungszeit: 45 Minuten // Backzeit: 40 Minuten // Kühlzeit: 2 mal mindestens 1 Stunde
EQUIPMENT 28 cm Tortenring

ZUTATEN

Boden
4 Eier
220 g Zucker
250 g Weizenmehl
3 TL Backpulver
100 g Mohn
1 Prise Salz

Belag
1.400 g eingemachte Stachelbeeren
4 EL Vanillezucker
3 Pck. heller Tortenguss
4 EL Stachelbeermarmelade oder Aprikosenmarmelade
600 ml Sahne
3 Pck. Sahnesteif
400 g Marzipan oder eine gekaufte Marzipandecke
70 g dunkle, gehobelte Schokolade

ZUBEREITUNG

4 Eier trennen. Die Eiweiße mit 110 g Zucker und einer Prise Salz steif schlagen. Die Eigelbe mit 110 g Zucker und 3 EL warmem Wasser so lange aufschlagen, bis die Masse weiß wird.

250 g Mehl mit 3 TL Backpulver mischen und sieben. Nun abwechselnd die Hälfte des Eiweißes unter die Eigelbmasse heben und dann die Hälfte des Mehles. Wiederholen. Dann 100 g Mohn unter die Masse ziehen.

In die Form abfüllen und bei 150 °C für ca. 40 Minuten backen. Danach eine Stäbchenprobe machen. Wenn der Kuchen fertig ist, aus dem Ofen nehmen und auf einem Gitter auskühlen lassen.

1.400 g eingemachte Stachelbeeren abgießen. 500 ml der Flüssigkeit auffangen. Die Flüssigkeit mit 4 EL Vanillezucker und der Hälfte der Stachelbeeren aufkochen und mit dem Tortenguss abbinden. Vom Herd nehmen und nach 10 Minuten die restlichen Stachelbeeren unterrühren. 600 ml Sahne mit 3 Pck. Sahnesteif aufschlagen.

Den ausgekühlten Kuchen quer halbieren. Nun den Boden auf eine Tortenplatte setzen und einen Tortenring darum legen. 4 EL Marmelade auf dem Boden verteilen. Die abgebundenen Stachelbeeren auf dem Boden verteilen. Die Sahne darauf geben und mit der andern Hälfte vom Kuchen bedecken. Die Torte im Kühlschrank mindestens 1 Stunde kühl stellen.

Marzipan zu einer Scheibe formen und diese ausrollen. Es hilft, wenn man das Marzipan zwischen 2 Plastiktüten legt oder es mit Puderzucker bestreut. Torte aus dem Kühlschrank nehmen und mit der Marzipandecke belegen. Die Schokolade über die Torte hobeln. Die Torte schmeckt am besten, wenn man sie am Vortag macht und ziehen lässt.

TIPP STACHELBEEREN Die Stachelbeeren koche ich von Juni bis August ein, um dann später im Jahr auch noch welche zu haben. Was ebenfalls funktioniert, ist, wenn man Stachelbeeren einfriert und diese dann verarbeitet.

TIPP BODEN Sollte der Boden nach dem Backen zusammenfallen, dann wurde er zu kurz gebacken. Man kann die Torte trotzdem zubereiten; dann einfach den Schritt „den Boden quer halbieren" weglassen. Ist mir auch passiert, weil ich zu ungeduldig war.

BUTTER IST LIEBE!

Ich hatte das Glück, zwei sehr unterschiedliche Großelternpaare zu haben. Oma Edith und Opa Erwin Meyer in Hahlen, Minden. Oma Erika und Opa Willi Nenning in Balderschwang. So unterschiedlich sie als Menschen waren, so unterschiedlich waren auch die Tagesabläufe und Routinen in den beiden Haushalten. Selbst etwas so Profanes wie Butter wurde sehr unterschiedlich gehandhabt. In Hahlen war es immer so, dass es zwei Sorten von Butter gab.

Da war einmal die Butter. Sie ruhte in einer Butterdose. Das untere Teil war aus Cromargan und der Deckel aus durchsichtigem Plastik. Sie wurde nicht im Kühlschrank aufbewahrt, sondern in dem schmalen Schubschrank, in dem auch die angefangenen Gläser Marmelade und Honig standen, damit man sie streichen konnte.

Außerdem kam Margarine auf den Tisch. Das Butter-Derivat wurde im Kühlschrank aufbewahrt. Sie bekam kein schickes Aufbewahrungsgeschirr, sondern wurde in ihrer Verkaufsverpackung belassen und so auf den Tisch gestellt. Die Deckel lagen dabei immer ordentlich aufgereiht auf der Anrichte der Küche.

Butter wurde eigentlich auch nur von Opa Erwin gegessen. Abends zur Brotzeit. Margarine gab es morgens, wenn Brote für den Kindergarten oder die Arbeit geschmiert wurden. In Balderschwang bei Oma Erika und Opa Willi gab es Butter. Punkt. Sie war entweder auf einem Unterteller oder blieb im Papier. Die Butter war immer hart, weil sie ausschließlich im Kühlschrank aufbewahrt wurde.

TIPP Meine aromatisierte Butter ab Seite 40 lässt sich wie Kräuterbutter verwenden. Entweder Sie nehmen sich ein Stück kalt zu einer Speise oder Sie nutzen die Butter bereits zum Kochen und würzen damit. Die Butter lässt sich auch hübsch verpackt gut verschenken.

BUTTER IST LIEBE

BUTTER MIT …

… süßem Senf und Orange

… Kürbiskernen

… Holunderblüten und Meerrettich

… Zitronenthymian und Kapern

… Feigen und Piment

BUTTER MIT ...

... süßem Senf und Orange

250 g Butter
2 EL süßer Senf
1 Orange Abrieb
½ TL Salz
Gemahlener schwarzer Pfeffer

... Kürbiskernen

250 g Butter
2 EL Kürbiskerne
2–3 EL Kürbiskernöl
½ TL schwarzer Pfeffer
½ TL Koriander
½ TL Anis
½ TL Kardamom
1 TL Salz

ZUBEREITUNG

250 g Butter in Stücke schneiden und in eine Schüssel geben. Die Butter weich werden lassen. Mit den Schneebesen des Handrührgerätes die Butter schaumig schlagen. Wenn die Butter aufgeschlagen ist, 2 EL süßen Senf einrühren und die Orangenschale dazu reiben. Abschmecken mit Salz und schwarzem Pfeffer.

Passt zu glaciertem Schweinebauch, Kürbis, Rote Bete und Chicorée

250 g Butter in Stücke schneiden und in eine Schüssel geben. Die Butter weich werden lassen. 2 EL Kürbiskerne ohne Fett trocken in einer Pfanne rösten bis sie duften. Kerne auf einen Teller geben und auskühlen lassen. Kalte Kerne fein hacken. Mit den Schneebesen des Handrührgerätes die Butter schaumig schlagen. Wenn die Butter aufgeschlagen ist, langsam 2–3 EL Kürbiskernöl einfließen lassen und einarbeiten. Die Butter muss wirklich gut aufgeschlagen sein, sonst entsteht keine Bindung zwischen Öl und Butter. Schwarzer Pfeffer, Koriander, Anis und Kardamom in einen Mörser geben und fein mahlen. Unter die grüne Butter nun die Kerne ziehen und mit der Gewürzmischung und 1 TL Salz abschmecken.

Passt zu Schwein, Sellerie, Karotten

TIPP Man kann auch mehr Butter zubereiten. Sie hält sich im Kühlschrank für ca. 1 Woche. Sie eignet sich auch sehr gut zum Verschenken oder als Mitbringsel zum Grillen.

ZUTATEN

... Holunderblüten und Meerrettich

250 g Butter
1 EL Holunderblütensirup
3 EL frisch geriebener Meerrettich, wer es gerne noch schärfer hat, nimmt entsprechend mehr
1 TL Salz

250 g Butter in Stücke schneiden und in eine Schüssel geben. Die Butter weich werden lassen. Mit den Schneebesen des Handrührgerätes die Butter schaumig schlagen. Wenn die Butter aufgeschlagen ist, langsam 1 EL Holunderblütensirup einfließen lassen und unterrühren. Meerrettich reiben und in die Butter rühren. Abschmecken mit Salz.

Passt zu grünem Spargel, gekochtem Schinken und pochiertem Fisch.

... Zitronenthymian und Kapern

250 g Butter
1 kleine Schalotte
1,5 EL Kapern
3 Zweige Zitronenthymian
1 EL geschmacksneutrales Öl
Etwas Salz und gemahlener grüner Pfeffer

250 g Butter in Stücke schneiden und in eine Schüssel geben. Die Butter weich werden lassen. Eine kleine Schalotte fein hacken. 1,5 EL Kapern abschütten und auch fein hacken. Die Blättchen des Zitronenthymians von den Stielen zupfen und 2-mal mit dem Messer drüber hacken, dann zur Butter geben. 1 EL geschamckneutrales Öl in einer Sauteuse erwärmen und darin die Schalotten glasig dünsten. Die Schalotten auf einen Teller geben und auskühlen lassen, dann in die Butter rühren. Mit Salz und grünem Pfeffer abschmecken.

Passt zu gegrilltem Fisch, gekochtem Blumenkohl und Pasta.

... Feigen und Piment

250 g Butter
3 Stk getrocknete Feigen
1 EL Rum
1 Lorbeerblatt
4 Wacholderbeeren
½ TL schwarzer Pfeffer
4 Kapseln grüner Kardamom
2 cm Ingwer
½ Stange Zimt
1 TL Salz

250 g Butter in Stücke schneiden und in eine Schüssel geben. Die Butter weich werden lassen. Von den 3 Stück getrockneten Feigen die Stielansätze abschneiden. Die Feigen in eine Tasse geben und mit kochendem Wasser übergießen. 1 EL Rum dazu geben und für ca. 20 Minuten ziehen lassen. Alle Gewürze in den Mörser geben und fein mahlen. Die aufgeweichten Feigen aus dem Wasser nehmen und fein hacken. Die Butter mit den Rührbesen des Handrührgerätes aufschlagen. Die Feigen unterrühren und noch ca. 1 EL der Einweichflüssigkeit einrühren. Mit den gemörserten Gewürzen und 1 TL Salz abschmecken.

Passt zu Hirschbraten, gegrilltem Steak, gebratenem Spitzkohl, auf Butterbrot mit Käse.

SAUERTEIG SELBST GEMACHT

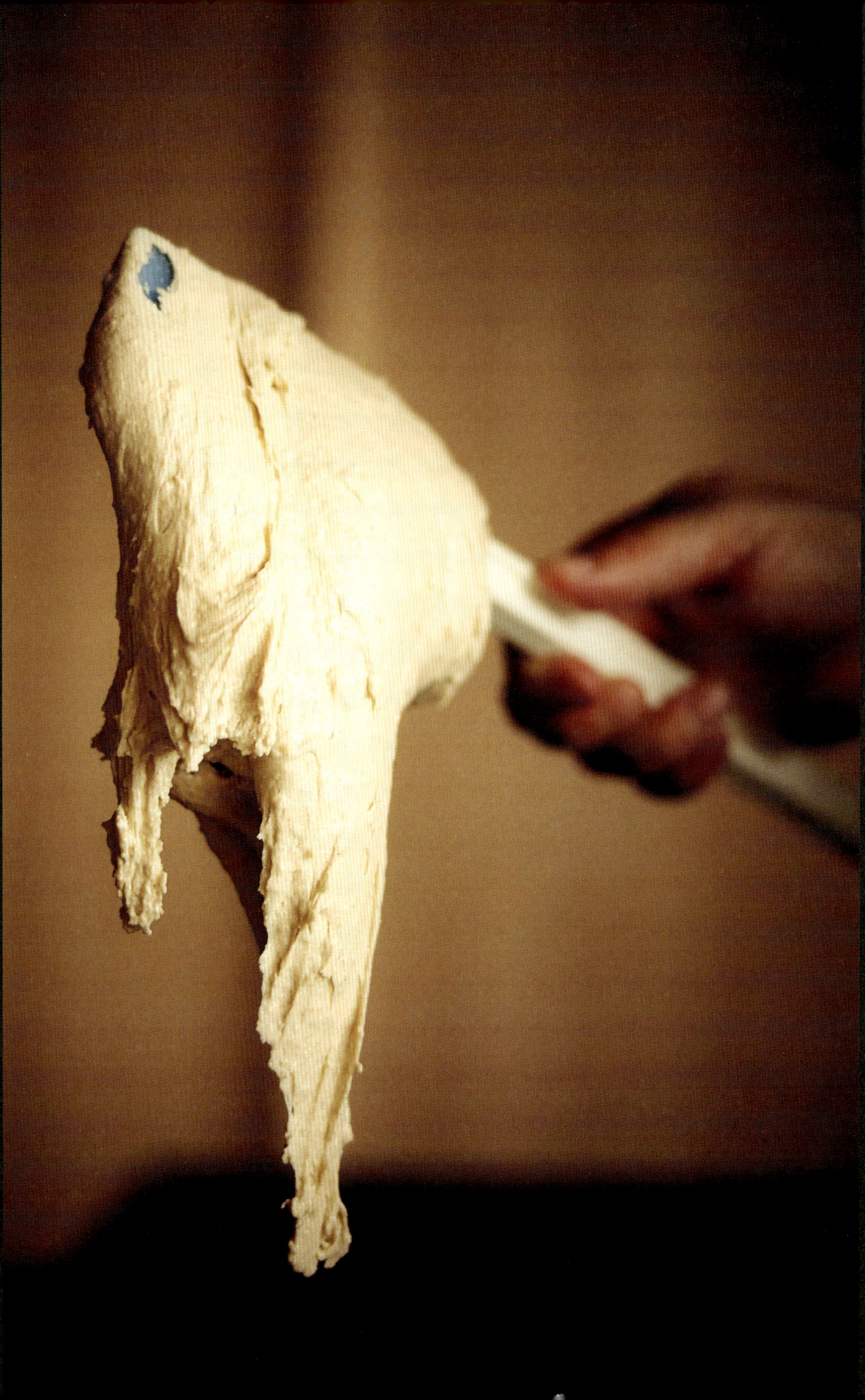

ZUTATEN

100 g Roggenvollkornmehl
100 ml warmes Wasser
100 g Roggenvollkornmehl
100 ml warmes Wasser

ZUBEREITUNG

100 g Roggenvollkornmehl mit 100 ml warmem Wasser zu einem glatten Teig verrühren, mit einem feuchten Tuch abdecken. Für 48 Stunden an einen warmen Platz in der Küche stellen.

Diesem nun säuerlich riechenden Teig noch mal 100 g Roggenmehl und 100 ml Wasser zugeben und weitere 24 Stunden stehen lassen.

Nach 3 Tagen ist Ihr Sauerteig fertig.

HEFEZOPF
MIT KÜRBISMARMELADE UND TONKABOHNE

ZUTATEN

Hefezopf

270 ml Pflanzendrink
100 g Margarine
1 Würfel frische Hefe (42 g)
500 g Weizenmehl
100 g Zucker
1 Prise Salz
2 EL Sojasahne

Kürbismarmelade

500 g Kürbis
(Muskat oder Hokkaido)
500 g Äpfel, am besten eine säuerliche Sorte
500 g Gelierzucker 1:1
1 Stk. Tonkabohne
1 Stk. Zitrone

ZUBEREITUNG

Hefezopf

270 ml Pflanzendrink mit 100 g Margarine erwärmen – max. 30 °C, handwarm. 1 Würfel frische Hefe in die Milchmischung bröseln und verrühren. Stehen lassen, bis sich kleine Bläschen bilden. 500 g Mehl mit 100 g Zucker und Salz mischen. Die Milchmischung in die Mehlmischung rühren. Solange kneten, bis sich ein elastischer Teig ergibt. Das dauert ca. 5 Minuten. Sie brauchen erstmal kein weiteres Mehl dazu geben. Teig zurück in die Schüssel geben und mit einem feuchten Tuch abdecken. An einem warmen Ort ca. 60 Minuten gehen lassen.

Den Teig nun auf eine bemehlte Arbeitsfläche geben und nochmals durchkneten. Teig in 3 gleich große Teile trennen. Am besten eine Waage dazu verwenden, dann sind die Teile sicher gleich groß. 3 gleich lange Stränge formen. Jetzt einen Zopf flechten. Am besten gleich auf dem Backblech.

Zopf erneut abdecken und gehen lassen, bis er sein Volumen deutlich vergrößert hat. Nach Wunsch den Hefezopf jetzt mit 2 EL Sojasahne einpinseln.

Für ca. 40 Minuten bei 160 °C backen. Aus dem Ofen nehmen und auskühlen lassen.

Kürbismarmelade mit Tonkabohne

500g Äpfel und 500 g Kürbis raspeln, mit dem Saft einer Zitrone mischen. Alles in einen Topf geben und mit 500 g Gelierzucker mischen. Die Tonkabohne fein reiben und zum Rest geben. 3 EL Wasser dazu geben und ca. 30 Minuten ziehen lassen. Nun alles aufkochen und ungefähr 3 Minuten sprudelnd kochen lassen. Gelierprobe machen und wenn die Marmelade fest genug wird, abfüllen.

TIPP Statt Tonkabohne kann man auch Ingwer, Muskatnuss, Lebkuchengewürz, Pumpkinspice oder Zimt verwenden.

KARTOFFELBROT

ZEITEN Zubereitungszeit: 20 Minuten // Ruhezeit: 24 Stunden // Backzeit: 50 Minuten
EQUIPMENT Rundes Gärkörbchen

ZUTATEN

Quellstück
80 g geschälte Pellkartoffeln vom Vortag
254 g kaltes Wasser

Kartoffelbrot
278 g Dinkelmehl Typ 630
103 g Roggenmehl Typ 1150
20 g Roggensauerteig
10 g Salz
6 g frische Hefe
1 Kartoffelquellstück

ZUBEREITUNG

Quellstück
80g gepellte Pellkartoffeln zerdrücken und mit 254 g Wasser übergießen. Für 30 Minuten stehen lassen.

Kartoffelbrot
Alle Zutaten vermengen und ca. 10 Minuten kneten. Dann den Teig locker zu einer Kugel formen. Nun die Teigkugel mit dem Schluss nach unten in ein bemehltes Gärkörbchen legen. Über Nacht zugedeckt im Kühlschrank ruhen lassen. Danach den Teig mindestens 1 Stunde bei Zimmertemperatur gehen lassen. Auf ein mit Backpapier ausgelegtes Backblech stürzen. Brotkipf 5 Minuten ruhen lassen. Den Ofen auf 180 °C vorheizen.

Nun den Ofen öffnen, das Backblech einschieben und 10 ml kaltes Wasser in den Backraum schütten. Den Ofen schließen und das Brot für 50 Minuten backen. Zur Backprobe das Brot nach der Backzeit vorsichtig aus dem Ofen nehmen und auf die Unterseite klopfen. Das Brot soll sich deutlich hohl anhören.

Altes Brot
Hier sind einige Ideen, was du mit altbackenem Brot machen kannst. Brot lässt sich nämlich gut vor der Tonne retten, wenn man es lecker weiterverarbeitet. Das ist auch keine neue Erfindung, hat man „früher" auch schon so gemacht, aber leider dann fast vergessen. Ist es nicht verrückt, dass Wissen innerhalb von zwei Generationen verloren geht. Oma Edith und Opa Erwin hatten einen großen Selbstversorger-Garten. Das Stück Land hat vier Erwachsene und drei Kinder mit frischem Gemüse, Kartoffeln, Beeren, Kirschen und Äpfeln versorgt. Ich weiß, dass die ersten Jahre, ungefähr, bis ich in die Schule kam, dieser Garten und der große Kirschbaum da waren. Leider haben die Wurzeln des Baums irgenowann die Pflastersteine vom Hof angehoben und das Haus angegriffen. Er wurde dann gefällt. Die drei Kinder waren dann erwachsen und ausgezogen und die Urgroßeltern auch nicht mehr da. Und so wurde aus dem Selbstversorgergarten eine Rasenfläche. Mein Papa erinnert sich heute nur noch daran, dass er Unkraut jäten musste. Alles, was ich vom Gärtnern weiß, habe ich mir angelesen. Ich habe immer wieder mal Zucchinipflanzen auf meiner Terrasse. Mehr leider nicht.

Mit altbackenem Brot kenne ich mich besser aus, auch wenn bei uns kaum Brot übrigbleibt. Liegt vermutlich daran, dass das Brot von meinem Bäckermeister-Bruder Sebastian so lecker ist.

Was du mit altem Brot machen kannst:
Panzanella – italienischen Brotsalat
Croutons für Suppe oder Salat oder Snack
Brotsuppe
Ofenschlupf – süß und salzig
Semmelknödel

KÖRNER-KASTEN BROT

ZEITEN Zubereitungszeit: 40 Minuten // Ruhezeit: 3 Stunden, ideal über Nacht im Kühlschrank
EQUIPMENT Kastenform für 750 g

ZUTATEN

Quellstück
12 g Sonnenblumenkerne
12 g Leinsaat
12 g Sesam
12 g feine Haferflocken
52 g lauwarmes Wasser

Brot
250 g Dinkelmehl Typ 630
150 g Dinkelvollkornmehl
16 g frische Hefe
12 g Backmalz
10 g Salz
230 g kaltes Wasser
1 Quellstück (100 g)

ZUBEREITUNG

Quellstück
Alle Zutaten vermengen und für mindestens 30 Minuten quellen lassen.

Brot
Alle Zutaten vermengen und für ca. 10 Minuten kneten. Nun den Teig in eine längliche Kipfform bringen. Eine Kastenform einfetten und den Kipf mit dem Schluss nach unten in die Form setzen. Die Form abdecken und mindestens 3 Stunden im Kühlschrank, besser aber über Nacht, gehen lassen.

Nach der Ruhezeit die Form aus dem Kühlschrank nehmen und mindestens 1 Stunde bei Raumtemperatur gehen lassen. Den Ofen auf 180 °C vorheizen. Nun den Ofen öffnen, das Backblech einschieben und 10 ml kaltes Wasser in den Backraum schütten. Den Ofen schließen und das Brot für 50 Minuten backen.

Zur Backprobe das Brot nach der Backzeit vorsichtig aus dem Ofen nehmen und aus der Form stürzen. Auf die Unterseite klopfen, das Brot soll sich deutlich hohl anhören. Evtl. Den Laib Brot nochmal ohne Form für 10 Minuten in den Ofen geben.

PADERBORNER BROT

ZUBEREITUNG

Roggensauerteig
Alle Zutaten vermengen und 24 Stunden bei Raumtemperatur stehen lassen. Die Schüssel dabei mit einem Tuch abdecken.

Hefevorteig
3 g Hefe zusammen mit dem Salz im Wasser auflösen und mit 100 g Mehl mischen. Alles für 4–5 Stunden bei Raumtemperatur gehen lassen.

Hauptteig
Danach mit dem Hauptteig weiter machen.

Alle Zutaten vermengen und für 3–5 Minuten kneten. Den Teig dann auf eine bemehlte Arbeitsfläche geben und mehrfach falten, formen und dann für 1 Stunde abgedeckt gehen lassen. Danach erneut falten und rund wirken. Den Backrahmen mit Öl einpinseln und auf ein Backblech stellen. Den Teigling rundherum mit Öl bepinseln und in den Backrahmen legen. Brot für mindestens 90 Minuten gehen lassen und dann stippen. Dazu mit einem Holzstäbchen mehrfach einstechen.

Backofen auf 240 °C aufheizen. Nun den Ofen öffnen, das Backblech einschieben und 10 ml kaltes Wasser in den Backraum schütten. Das Brot 15 Minuten bei 240 °C backen. Danach für 75 Minuten bei 200 °C weiter backen. Nach dem Backen mit Wasser bepinseln. Den Backrahmen nach 10 Minuten vom Brot ziehen und das Brot dann auskühlen lassen.

ZUTATEN

Roggensauerteig
10 g Anstellgut Roggensauer
100 g Wasser
100 g Roggenmehl 1150

Hefevorteig
100 g Wasser
3 g frische Hefe
2 g Salz
100 g Weizenmehl 1050

Hauptteig
210 g Roggensauerteig
210 g Hefevorteig
375 g Roggenmehl 1150
100 g Weizenmehl 550
60 g Weizenmehl 1050
15 g Salz
1 TL Zuckerrübensirup
1 TL Backmalz
300 g Wasser
1 Prise Brotgewürz

Beachte Dieses Rezept braucht Zeit. Wenn Sie alles von Anfang an selbst machen möchten, mussen Sie 5 Tage für die Herstellung des Anstellgutes einrechnen. Der Sauerteig benötigt nochmal 24 Stunden.

ROGGENVOLLKORNBROT*

*VON PAPA BERND

ZEITEN Zubereitungszeit: 20 Minuten // Ruhezeiten: 14 Stunden // Backzeit: 70 bis 80 Minuten
EQUIPMENT 2 Kastenformen

ZUTATEN

800 g Roggenvollkornmehl
800 g Wasser
30 g Steinsalz
Koriander
Kümmel
Anis

ZUBEREITUNG

Dem Sauerteig von Seite 45 300 g Roggenvollkornmehl und 300 ml Wasser zugeben und zu einem glatten Teig verrühren. Mit einem feuchten Tuch abdecken und für 12 Stunden (über Nacht) ruhen lassen.

Diesem Teig die restlichen 500 g Roggenvollkornmehl, 500 ml Wasser und Salz, nach Geschmack die anderen Gewürze zugeben. Zugedeckt an einem warmen Ort 1 Stunde ruhen lassen.

Den Teig mit einem Teigschaber durcharbeiten und auf zwei geölte Kastenformen, zu je 1.000 g verteilen. Das Brot noch mal ca. 1 Stunde ruhen lassen, bis es aufgegangen ist.

Im Backofen bei 170 °C ca. 70 bis 80 Minuten backen. 10 Minuten vor Ablauf der Backzeit nehmen Sie das Brot aus der Form und backen es die letzten 10 Minuten ohne Form, so bekommt es eine schöne Kruste.

TIPP Das Brot hält sich ca. 7 bis 9 Tage frisch. Das Brot offen liegen lassen, dann bleibt die Kruste knusprig. Das Brot mit der angeschnittenen Seite auf einen Holzteller stellen.

MACH´S LEICHTER Sie können vom fertigen Brotteig einen Esslöffel wegnehmen und in Folie gepackt im Kühlschrank aufbewahren, so haben Sie gleich den Sauerteig für Ihr nächstes Brot.

ROSINEN-STUTEN

ZEITEN Zubereitungszeit: 20 Minuten // Ruhezeit: über Nacht // Backzeit: 50 Minuten
EQUIPMENT 2 Kastenformen für 750 g

ZUTATEN

377 g Dinkelmehl Typ 630
179 g Wasser
38 g Zucker
30 g Margarine / Butter
30 g frische Hefe
11 g Backmalz
9 g Salz
80 g gewaschene Sultaninen
1 Ei als Garnitur

ZUBEREITUNG

Alle Zutaten, bis auf die Sultaninen, vermischen und den Teig für 7 Minuten kneten. Nun die Sultaninen dazu geben und den Teig für 1–2 weitere Minuten kneten. Nun den Teig in eine längliche Kipfform bringen.

Eine Kastenform einfetten und den Kipf mit dem Schluss nach unten in die Form setzen. Die Form abdecken und mindestens 3 Stunden im Kühlschrank, besser aber über Nacht, gehen lassen.

Nach der Ruhezeit die Form aus dem Kühlschrank nehmen und mindestens 1 Stunden bei Raumtemperatur gehen lassen. Das Ei verquirlen und damit den Stuten einpinseln und der Länge nach einritzen. Den Ofen auf 180 °C vorheizen.

Nun den Ofen öffnen, das Backblech einschieben und 10 ml kaltes Wasser in den Backraum schütten. Den Ofen schließen und den Stuten für 50 Minuten backen.

Zur Backprobe das Brot nach der Backzeit vorsichtig aus dem Ofen nehmen und aus der Form stürzen. Auf die Unterseite klopfen, das Brot soll sich deutlich hohl anhören. Evtl. den Stuten nochmal ohne Form für 10 Minuten in den Ofen geben.

„Super lecker mit Hühnerleberparfait Seite 73!“

SCHWEIZER BROT

ZUTATEN

415 g Dinkelruchmehl
300 g kaltes Wasser
13 g frische Hefe
13 g Backmalz
10 g Steinsalz

ZUBEREITUNG

Alle Zutaten zu einem Teig vermengen und ca. 7–10 Minuten kneten. Den Teig in eine verschließbare Schüssel geben und verschlossen 24 Stunden im Kühlschrank gären lassen.

Vor dem Backen den Teig mindestens 1 Stunde bei Zimmertemperatur gehen lassen. Den Teig nach 1 Stunde zu einem länglichen Kipf/Brotlaib formen. Den Laib auf ein mit Backpapier ausgelegtes Blech setzen und weitere 20 Minuten gehen lassen, ihn dabei mit einem Tuch bedecken.

Den Ofen auf 180 °C vorheizen. Danach das Brot mit Mehl abstäuben und diagonal zu Rauten flach einschneiden. Nun den Ofen öffnen, das Backblech einschieben und 10 ml kaltes Wasser in den Backraum schütten. Den Ofen schließen und das Brot für 50 Minuten backen.

Zur Backprobe das Brot nach der Backzeit vorsichtig aus dem Ofen nehmen und auf die Unterseite klopfen. Das Brot soll sich deutlich hohl anhören.

„Auf Seite 67 gibt es ein Kürbis-Butterbrot mit dem Schweizer."

SESAM-KRINGEL

ZUTATEN

400 g Dinkelmehl Typ 630
44 g Dinkelgrieß
44 g geschmacksneutrales Öl
13 g Backmalz
11 g Salz
18 g Hefe
222 g kaltes Wasser
300 g Sesam
100 ml Apfeldicksaft

ZUBEREITUNG

Alle Zutaten vermengen und für ca. 10 Minuten kneten. In einer verschlossenen Schüssel den Teig über Nacht – mindestens 3 Stunden – im Kühlschrank gehen lassen. Den Teig aus dem Kühlschrank nehmen und sofort auf eine bemehlte Arbeitsfläche stürzen. In 6 gleichgroße Stücke teilen. Nun den Teig 5 Minuten entspannen lassen. Währenddessen einen Topf mit 1 L gesalzenem Wasser auf den Herd stellen und verschlossen zum Kochen bringen.

Jeden Teigling zu einem ca. 30 cm langen Strang formen. Je zwei der Stränge zusammen zwirbeln und zu einem Kringel verschließen. Den Sesam auf einen großen Teller geben. In einer Schüssel den Apfeldicksaft bereitstellen und einen Backpinsel dazulegen.

Nun je einen Kringel in dem sanft köchelnden Wasser für ca. 10 Sekunden blanchieren. Dabei den Kringel 1 mal mit einer Schaumkelle unter Wasser drücken. Den Kringel aus dem Wasser heben und auf die Arbeitsfläche legen. Dann mit Apfeldicksaft rundherum bepinseln. Jetzt den Kringel in dem Sesam wenden.

Fertige Kringel auf ein mit Backpapier ausgelegtes Backblech legen. Den Ofen auf 200 °C vorheizen. Die Kringel für ca. 10–12 Minuten goldbraun backen.

STREICHEN? ODER LEGEN?

Opa Erwin in Minden liebte sein Butterbrot abends zur Brotzeit. Er schmierte etwas Butter auf sein Brot und dazu wurde dann entweder Camembert oder Schinken gegessen.

Auf den Frühstücksbroten wurde Quark und Marmelade gegessen. Margarine kratzte man mit dem Messer vom Rand her aus der Verpackung und schmierte sie dann ganz dünn auf seine Brotscheibe. Schmieren ist eigentlich schon zu viel. Es war auch eher ein Kratzen. Eine hauchzarte Fettschicht auf dem Brot, mehr nicht.

In Balderschwang bei Oma Erika und Opa Willi wurde nicht mit dem Messer gekratzt. Weder die Butter selbst noch auf dem Brot. Man schnitt die Butter vom Rand her und dann kam sie auf eine Scheibe Brot oder wurde auf eine angebissene Brezel gelegt. „Butter muss man legen, nicht streichen!" Das war Opa Willis Meinung.

ZWERGENWIESE

BUTTERBROT
MIT GEBRATENER ZUCCHINI

ZUTATEN

3–4 Scheiben Zucchini
1 EL Olivenöl
Salz und schwarzer Pfeffer
1–2 Scheiben Paderborner siehe Seite 53
Kürbiskernbutter siehe Seite 43
1 Handvoll Rucola
1 EL Balsamico Dressing
¼ Zitrone Abrieb
80 g Allgäuer Bergkäse

ZUBEREITUNG

Zucchini waschen und in 3–4 cm dicke Scheiben schneiden. 1 EL Olivenöl in einer Pfanne erhitzen und darin die Zucchini anbraten und mit. Das dauert pro Seite ca. 2 Minuten. Aus der Pfanne nehmen und auf Küchenpapier abtropfen lassen.

Brot mit Kürbiskernbutter schmieren. 1 Handvoll Rucola mit 1 EL Balsamicodressing und Zitronenabrieb marinieren. Rucola dann auf das Brot legen und darauf die Zucchini anrichten.

80 g Bergkäse in Spänen auf dem Brot verteilen und mit schwarzem Pfeffer garnieren.

BUTTERBROT

MIT KÜRBIS UND PETERSILLIEN-PESTO

ZUTATEN

2 Scheiben Schweizer Brot siehe Seite 59
1 EL Süßer Senf und
Orangen Butter siehe Seite 42
120 g Hokkaido Kürbis
1 Zehe Knoblauch
½ TL Miso
2 EL Olivenöl
½ TL Salz
1 TL Harissa
1 EL Haselnüsse
Etwas Salz
½ Limette Saft
2 EL Petersilien-Pesto

ZUBEREITUNG

Schweizer Brot mit 1 EL Süßer-Senf-Butter schmieren. Kürbis waschen und schälen, dann in mittelgroße Stücke schneiden. Ofen auf 180 °C vorheizen. 1 Knoblauch-Zehe schälen und hacken. 120 g Kürbis mit Knoblauch, ½ TL Miso, ½ TL Salz, 1 TL Harissa und 2 EL Olivenöl marinieren. In eine Auflaufform geben und für ca. 25 Minuten im Ofen backen. 1 EL Haselnüsse auf einem Blech die letzten 5 Minuten zum Rösten mit in den Ofen schieben.

Kürbis aus dem Ofen nehmen, mit Limettensaft beträufeln und abschmecken. Der Kürbis sollte durchaus würzig bis scharf schmecken.

Haselnüsse auf ein Küchentuch geben und die braune Haut abrubbeln, dann die Nüsse grob hacken. Den Kürbis auf dem Brot verteilen und mit 2 EL Petersilien-Pesto und Haselnüsse anrichten.

TIPP Nicht nur 120 g Kürbis zubereiten, sondern gleich einen ganzen Kürbis. Aus dem Rest lässt sich sehr gut Suppe kochen. Man kann die Kürbispaste aber auch in ein Glas geben und mit Olivenöl begießen. So hält sie sich im Kühlschrank für 1 Woche.

Statt nur 1 EL Haselnüsse kann man auch gleich mehr rösten, wenn der Ofen schon mal an ist.

BERNDS ROGGENVOLLKORNBROT

MIT MÜNSTERKÄSE, BLUMENKOHL UND KIRSCH CHUTNEY

ZUTATEN

2 Scheiben Roggenvollkornbrot
Etwas Butter
120 g Blumenkohl
1 EL geschmacksneutrales Öl
Etwas Salz
½ TL zerstoßene Koriandersamen
100 g Münsterkäse
1 EL Kirsch-Chutney siehe Seite 86
3–5 Blätter Basilikum

ZUBEREITUNG

Brot mit Butter schmieren. Ofen auf 180 °C vorheizen. 120 g Blumenkohl grob schneiden. Mit 2 EL Öl, ½ TL Salz und ½ TL zerstoßenen Koriandersamen mischen. Blumenkohl in eine Auflaufform geben und für ca. 12 Minuten im Ofen backen.

Blumenkohl aus dem Ofen nehmen und auf den Broten verteilen. Noch warm mit 100 g Münsterkäse belegen. Auf einem Teller anrichten und 1 EL Kirsch-Chutney auf dem Käsebrot verteilen. 3–5 Basilikumblätter kleiner zupfen und auf dem Brot garnieren.

TIPP Einen ganzen Kopf Blumenkohl im Ofen zubereiten. Den Rest entweder kalt wie Antipasti essen oder dann eine Suppe daraus zubereiten.

PFLAUMENMUS

ZUTATEN

3 kg Zwetschgen
2 TL Lebkuchengewürz

ZUBEREITUNG

Die Zwetschgen waschen, entsteinen und vierteln. Ofen auf 160 °C vorheizen. Zwetschgen mit Lebkuchengewürz mischen und dann in einen Bräter geben. In den Ofen schieben und für 2 Stunden garen. Immer wieder umrühren. Nach der Garzeit die Pflaumen pürieren und noch heiß in sterile Gläser abfüllen.

TIPP Das Pflaumenmus schmeckt auch sehr lecker zu Pfannkuchen oder zu Käsebrot.

„Pflaumenmus ist viel weniger Arbeit als man denkt!"

STUTEN
MIT HÜHNCHENLEBERPARFAIT UND PFLAUMENMUS

ZEITEN Zubereitungszeit: 60 Minuten // Kühlzeit: 10 Stunden
EQUIPMENT 2 Einmachgläser Inhalt je 280 ml

ZUTATEN

250 g Butter
1 kleine Schalotte
250 g Hühnerleber
30 ml Madeira oder Portwein
2 Stk. Eier Größe M
Etwas Salz und Pfeffer
1/2 TL Thymian getrocknet
4 Pimentkörner
4 Wacholderbeeren
2 Lorbeerblätter

ZUBEREITUNG

Ofen auf 100 °C vorheizen. 2 Einmachgläser vorbereiten.

Die Butter klären. 1 kleine Schalotte schälen und fein würfeln. In etwas Öl die Schalottenwürfel glasig dünsten. 250 g Hühnerleber putzen und klein schneiden. Leber, warme Butter, Schalotte und 30 ml Madeira pürieren. 2 Eier nach und nach dazu mixen. Die Masse mit Salz, Pfeffer und 1/2 TL Thymian abschmecken. In die vorbereiteten Gläser füllen. Mit 4 Pimentkörner, 4 Wacholderbeeren und 2 Lorbeerblättern bedecken.

Nun die Gläser in eine Auflaufform stellen. Die Form in den Ofen stellen und erst dann kochendes Wasser in die Form gießen, bis die Gläser zur Hälfte im Wasser stehen. Für 50 Minuten im Ofen gar ziehen lassen. Dann die Gläser etwas abkühlen lassen und für ca. 10 Stunden im Kühlschrank erkalten lassen.

Als mein Sohn noch sehr klein war, habe ich ihm keine Süßigkeiten gegeben. Ich wollte ihn möglichst lange vom Industriezucker fernhalten. Was ich ihm allerdings schon gegeben habe, waren Rosinen: Rosinen pur in die Hand oder Rosinenbrötchen, Rosinenstuten, Rosinen im Hefezopf. Eine seiner liebsten Rosinenspeisen war: Hefezopf mit Rosinen und darauf Leberwurst. Er war damals drei Jahre alt. Heute ist er 18 und findet Rosinen, egal wie und wo, ziemlich doof. „Inzwischen weiß ich, was richtige Süßigkeiten sind!"

Ich finde die Kombination aus dem süßen, weichen Hefeteig und dem samtigen Leberaufstrich auch jetzt noch grandios. Meine Liebste-Kindheits-Zopf-Erinnerung ist, dass wir bei Oma Edith manchmal statt Kuchen Pflaumenmus mit Weißbrot gegessen haben.

SCHLEMMERSCHNITTE

ZUTATEN

- 1–2 Scheiben Kartoffelbrot siehe Seite 49
- Etwas Butter (die Holunder-Meerrettich-Butter passt hier gut) siehe Seite 43
- 3 große Scheiben gekochter Schinken
- 1 Tomate
- 6 Scheiben Salatgurke
- Kresse, Schnittlauch
- 2 Eier
- Salz, Pfeffer aus der Mühle
- Etwas Öl zum Braten

ZUBEREITUNG

Butterbrot mit Butter schmieren. Brot auf einen Teller legen. 3 große Scheiben Schinken auf dem Brot verteilen. 1 Tomate in Scheiben schneiden und zusammen mit 6 Scheiben Salatgurke auf den Schinken legen. Mit Salz und Pfeffer würzen.

Etwas Öl in einer Pfanne erhitzen. 2 Eier darin braten. Die Spiegeleier auf dem Brot platzieren und mit Salz und Pfeffer würzen. Mit Schnittlauch und Kresse garnieren

Eine Scheibe Brot, gekochter Schinken und Spiegelei. Das sind die Zutaten für den einfachen Klassiker der Hausmannskost. In meiner Familie gibt es eine lange Tradition für dieses Gericht. Oma Erika und Opa Willi haben Strammen Max mit großer Leidenschaft gegessen, weil er sie an ihre Amerikareisen erinnert hat. Und mein Papa hat schon vor knapp 15 Jahren eine eigene Version davon kreiert. Bei ihm heißt das belegte Brot Schlemmerschnitte und ist ein wenig üppiger belegt als das Original. Wenn man ganz streng ist, dann ist „Avocado Toast" auch nur der Hipster Cousin von Max

SESAM-KRINGEL

MIT LABNEH AUS ZIEGENMILCH GEBRATENEM KOHL UND FRITTIERTEN KAPERN

ZUTATEN

500 g Ziegenjoghurt
¼ TL Salz
Mulltuch
2 EL Olivenöl
1 TL Schwarzkümmel
¼ TL Piment d'Espelette
1 Zitrone Abrieb
1 kleiner Kohlkopf
1 EL geschmacksneutrales Öl
½ TL Salz
2 EL Honig
2 EL geröstete Pistazienkerne
2 EL frittierte Kapern siehe Seite 85

ZUBEREITUNG

Ein Mulltuch unter fließendem Wasser nass machen und auswringen, sodass es noch feucht ist. Dann in ein feinmaschiges Sieb legen und das Sieb über eine Schüssel hängen. 500 g Ziegenjoghurt mit ¼ TL Salz vermengen. Ziegenjoghurt in das Mulltuch gießen. Nun in den Kühlschrank für 6–8 Stunden stellen.

Einen kleinen Weißkohl von den äußeren Blättern befreien. Kohl dann in Spalten schneiden. In einer Pfanne etwas Öl erhitzen und darin den Kohl von beiden Seiten anbraten. Mit Salz würzen. Kohl auf niederer Temperatur ca. 10 Minuten weiter garen.

Labneh aus dem Tuch nehmen und auf eine Platte streichen. Mit 2 EL Olivenöl beträufeln und die Zitronenschale drüber reiben. Mit frittierten Kapern und Piment d'Espelette (Schwarzkümmel) garnieren. Kohlspalten darauf anrichten. 2 EL Honig über Kohl und Labneh laufen lassen und mit 2 EL gerösteten Pistazien bestreuen. Mit Sesamkringel servieren.

Dieses Butterbrot fällt komplett aus der Schublade der hierzulande bekannten Butterbrote. Es ist eine wilde Fusion aus der fantastischen Küche des Nahen Ostens und einer sehr traditionellen Zutat: Kohl.

Gebratener Kohl ist um Längen besser als gekochtes Kraut und eine Offenbarung. Zumindest ist es das für mich. Generell finde ich gebratenes Gemüse so viel besser als in heißem Wasser gebadetes Gemüse. Wobei das definitiv Geschmackssache ist und darüber kann, und darf man nicht streiten.

TIPP Labneh schmeckt am besten frisch und selbstgemacht.

ZIZZIMIZZI

ESSEN IST IDENTITÄT.
ESSEN IST KULTUR.
MAN IST, WAS MAN ISST.

Als Zizzimizzi versteht man bei uns im Bio Berghotel Ifenblick alles, was als „Schnickschnack" auf unsere Gerichte kommt. Also frittierte Kapern, Chili-Öl, Dressing, geröstete Körner usw.

Als ich 2019 die Küche im Ifenblick von meinem Vater übernahm, gab es eine Frühstücksköchin, die in ihrem sehr reizenden, gebrochenen Deutsch abends gegen 17 Uhr immer Folgendes fragte: „Chefchen, heute Zizzimizzi Salat?". Schnickschnack war, so glaube ich, zu kompliziert für sie. Und sie dachte auch, dass „Chefchen" die weibliche Form von Chef ist. Ich habe sie nicht korrigiert, weil ich es ebenfalls sehr reizend fand.

Ahorn-Senf-Dressing

250 ml geschmacksneutrales Öl
100 ml Ahornsirup
1 EL grober Senf
1 TL Senfmehl
80 ml Apfelessig
50 ml Wasser
1 TL Salz

ZUBEREITUNG

Alle Zutaten in ein Twist-Off-Glas geben. Den Deckel sorgfältig verschließen und kräftig schütteln.

Das Dressing schmeckt zu Blattsalat, als Topping zu einer Bowl oder, in etwas Crème fraîche gerührt, zu Reiberdatschi.

Statt Ahornsirup kann auch Apfeldicksaft verwendet werden.

Dieses Dressing hat eine starke Süße, die aber von der Senfschärfe in Schach gehalten wird. Es ist ein absoluter Liebling bei meinen Gästen und ein gern gesehenes Mitbringsel in unserer Großfamilie.

ZEITEN Zubereitungszeit: 15 Minuten

ZUTATEN

Balsamico Dressing

150 ml Olivenöl
50 ml geschmacksneutrales Öl
100 ml Balsamico
1 TL Holunderblütensirup
2–4 Blätter fein geschnittenes Basilikum
1 EL fein gehackte Zwiebel
½ TL getrockneter Oregano
Pfeffer, Salz

Alle Zutaten mischen.

French Dressing

5 Stk. Eidotter
1 L Öl
250 ml Essig
400 ml Wasser
45 g Zwiebeln
10 g Knoblauch
10 g Salz
20 g Zucker
1 TL Senf mittelscharf
¼ TL Gemahlener schwarzer Pfeffer
1 Messerspitze Kardamom
1 Messerspitze Piment
1 Messerspitze Kreuzkümmel
1 Messerspitze Koriander
½ TL Curry gelb

Eier trennen und die Dotter in ein hohes Gefäß geben. Nehmen Sie einen Pürierstab und pürieren sie die Dotter. Lassen Sie nun langsam und stetig das Öl einfließen. Das ist so, als machen Sie eine Mayonnaise. Wenn das gesamte Öl eingearbeitet ist, den Rest der Zutaten dazu geben und alles sorgfältig mixen, bis eine kremige Salatsoße entstanden ist.

Tipp In eine Flasche abfüllen, verschließen, ca. 7 Tage im Kühlschrank haltbar

Schmand Dressing

150 g Schmand
Abrieb und Saft von einer Zitrone
1–2 EL Olivenöl
2 EL Wasser
2 EL gehackte Dillspitzen
Salz und Pfeffer zum Abschmecken

Alle Zutaten verrühren und mit Salz und Pfeffer abschmecken.

Lecker zu Gurke, Falafel oder als Dressing zu pochiertem Fisch.

"Chefchen, heute Zizzimizzi-Salat?"

Bröselei

100 g Semmelbrösel altbackenes Brot verbrauchen
2 EL Olivenöl
Etwas Salz
Geschmacksgebende Komponenten nach Belieben. Hier einige Vorschläge: Knoblauch, Petersilie, Thymian, Sesam, Zitronenabrieb, Koriander, Samen geschrotet, Chili, Nüsse, ...

ZUBEREITUNG

2 EL Öl in einer Pfanne erwärmen. 100 g Semmelbrösel und Gewürze dazu. Alles goldbraun braten. Die Brösel aus der Pfanne auf einen Teller geben oder direkt anrichten.

Brösel nicht in der heißen Pfanne lassen, da die Restwärme evtl. dazu führt, dass die Brösel dann doch noch verbrennen.

Butterbrösel oder Italienisch auch Pangratto genannt, sind eine himmlische Schweinerei. Butter ist Liebe und die Liebe wird nur noch stärker, wenn man Butter mit Gewürzen und Semmelbröseln verbindet. Die Brösel sind saulecker über gegartes Gemüse, zu Linsen mit Spätzle oder über Fleisch.

ZUTATEN

Furikake

50 g Sesam
25 g schwarzer Sesam
3 Stk. Nori Blätter
2 TL Zucker
3 TL Salz

Den ganzen Sesam ohne Fett in einer Pfanne rösten. Sesam auf einen Teller geben. In der noch heißen Pfanne die einzelnen Nori Blätter je 20 Sekunden anrösten. Die Blätter zerbröseln und mit Sesam, 3 TL Salz und 2 TL Zucker mischen.

Furikake ist eine japanische Streuwürze. Dieses Topping verleiht Reis, Gemüse und Salaten eine nussige und salzige „Meeresnote" durch die Algen-Note. Wenn man will, kann man der Streuwürze noch andere Zutaten beimischen, zum Beispiel: getrocknete Tomaten oder getrocknete Pilze.

Miso Glasur

4 EL Zuckerrübensirup
2 EL helles Miso
2 EL Sojasoße
1 EL Sesamöl
1 EL Mirin

Alle Zutaten miteinander verrühren.

Man kann mit der Glasur z. B. Kürbis marinieren und ihn dann im Ofen braten.

Die Glasur kann wie Teriyaki-Soße verwendet werden.

Tomaten-Rauch-Mandeln

400 g Mandeln
1 TL Tomatenmark
1 TL Rauchsalz
½ TL getrockneter Rosmarin
1 TL Puderzucker
Etwas Salz

400 g Mandeln in eine Schüssel geben und waschen, abtropfen lassen. Die Mandeln können ruhig noch etwas nass sein. Ofen auf 160 °C vorheizen. Mandeln mit Salz, 1 TL Tomatenmark und ½ TL Rosmarin vermengen. Auf ein Backblech mit Backpapier geben. Mit 1 TL Puderzucker bestäuben. Für 11 Minuten im Ofen backen. Nach der Hälfte der Backzeit wenden.

Aus dem Ofen nehmen und auskühlen lassen. Luftdicht verpacken.

Leckeres Topping auf Eierspeisen, Salaten oder als Snacky Snack.

ZUTATEN

1 kleines Glas Kapern
200 ml Öl zum Frittieren
Etwas Zitronenabrieb

ZUBEREITUNG

Kapern abgießen und trocken tupfen. Auf ein neues Tuch geben und ca. 20 Minuten an der Luft trocknen lassen.

200 ml Öl erhitzen. Einen Topf mit einem hohen Rand verwenden, damit das Fett nicht überläuft. Kapern zweimal frittieren.

Frittierte Kapern auf ein Tuch zum Abtropfen geben und etwas Zitrone darüber reiben.

TIPP Kapern sind recht salzig. Vermutlich brauchen sie kein weiteres Salz, aber sie dürfen natürlich gerne noch gesalzen werden.

Kirsch-Chutney

3 Stk. rote Zwiebel
2 TL geschmacksneutrales Öl
1 kg entsteinte oder tiefgekühlte Kirschen
1 EL Honig
80 ml Balsamicoessig
250 g Portwein
½ TL Quatre-épices
Etwas Salz

ZUBEREITUNG

Zwiebeln schälen und fein würfeln. 2 TL Öl erwärmen und darin die Zwiebeln glasig dünsten. 1 kg Kirschen und den 1 EL Honig dazu geben. Mit 80 ml Balsamicoessig und 250 g Portwein ablöschen. Das Gewürz dazugeben, salzen und einmal aufkochen lassen. Ohne Deckel einköcheln lassen, bis ca. ⅔ der Flüssigkeit verkocht sind.

Tipp In saubere Gläser einfüllen und im Kühlschrank lagern oder wie Marmelade einkochen. Lässt sich gut verschenken. Schmeckt zu Wurzelgemüse, Schweinefleisch, Entenbraten, Käse, Käs'spätzle. Statt Kirschen können auch Zwetschgen verwendet werden.

ZUTATEN

Kokos Dip

400 g Kokosjoghurt natur
½ TL Holunderblütensirup
½ Bund Koriander
1 Limette Abrieb und Saft
½ TL Chili getrocknet
Etwas Salz

Kokosjoghurt mit Holunderblütensirup mischen. Den Koriander fein hacken und mit dem Joghurt mischen. Limettenschale abreiben und dann auspressen. Mit Chili und Salz würzen.

Sriracha

1 Stk. rote Paprika
2 Stk. rote Peperoni
1 Stk. rote Bird Eye Chili
2 TL getrocknete Chiliflocken
2 TL Apfeldicksaft
1 TL Salz
1 EL Essig
1 EL Tomatenmark

Paprika und Chili waschen und grob schneiden. 100 ml Wasser in einen Topf geben und alle anderen Zutaten dazu geben. Alles 1x aufkochen und dann mit verschlossenem Deckel für ca. 40 Minuten weichköcheln. Mit dem Stabmixer mixen und dann durch ein Sieb streichen und abschmecken mit evtl. mehr Salz, etwas mehr Süßungsmittel.

Zwiebelchutney mit Feigen

250 g rote Zwiebeln
1 EL Pflanzenöl
50 ml weißer Weinessig
50 ml Johannisbeersaft oder Rotwein
250 g getrocknete Feigen
100 g Rohrohrzucker
Salz
Pfeffer
½ TL Ras el-Hanout oder Kreuzkümmel, etwas Chili, Paprikapulver

Zwiebeln schälen und ganz fein hacken. Öl in einem Topf erhitzen und die Zwiebeln darin farblos anschwitzen. Mit Essig und Rotwein ablöschen. Feigen klein würfeln, zu den Zwiebeln geben. Zucker, Salz, Pfeffer und Ras el-Hanout zufügen und unter Rühren 15 Minuten köcheln lassen. Vom Herd nehmen und abkühlen lassen.

Tipp Die getrockneten Feigen können durch getrocknete Aprikosen oder getrocknete Pflaumen ersetzt werden.

CRISPY CHILI-ÖL

ZUTATEN

Zehen von 1 Knolle Knoblauch, geschält und in Scheiben
1 Schalotte, in Streifen oder Ringen
2 rote Peperoni, in Ringen
½ TL Anis
½ TL Fenchel
1 Zimtstange
2 Sternanis
½ L Brat- oder Back-Öl
1 EL Zucker
Salz zum Abschmecken

ZUBEREITUNG

Alle Zutaten, auch den Zucker, ins kalte Öl geben und aufsetzen. So lange köcheln bei etwa 160 °C, bis der Knoblauch goldbraun ist. Die Mischung durch ein Sieb geben, dabei das Öl auffangen. Der Knoblauch muss gut abtropfen.

Wenn beides erkaltet ist, werden die festen Bestandteile wieder ins Öl gegeben und der Knoblauch bleibt knusprig.

TIPP Dieses Öl kann zu allem gegessen werden. Es verleiht allen Speisen Volumen, durch sein Fett und durch die Kombination aus Schärfe und Süße werden weiter Geschmacksdimensionen hinzugefügt.

Exzentrik pur ist, wenn man das Öl ohne Knoblauch zubereitet und es dann über Vanille- oder Schokoeis träufelt

MAYO MIT EI

ZUTATEN

3 Eier
½ TL Senf
½ Zitrone, Abrieb und Saft
250 ml Rapsöl
Steinsalz
Schwarzer Pfeffer aus der Mühle

ZUBEREITUNG

3 Eier trennen. Eigelb in eine Schüssel geben. ½ TL Senf, Zitronensaft und -abrieb dazu geben und mischen.

Nun langsam 250 ml ÖL mit einem Stabmixer einarbeiten. Mit Salz und Pfeffer würzen.

TIPP Diese Basis lässt sich vielfach abwandeln. Man kann Kürbiskernöl statt dem geschmacksneutralen Öl verwenden. Weitere Abwandlungen können sein: Süße Chilisoße, Harissa, Koriander und Limette, Miso, Petersilie und Zitrone, Kapern und hartgekochte Eier, Kaffee und Kardamom, Chili mit Ingwer und Limette

MAYO VEGAN

ZUTATEN

100 ml Sojamilch
½ TL Senf
½ TL Salz
1 TL Apfeldicksaft
½ Zitrone, Saft und Abrieb
250 ml geschmacksneutrales ÖL
Schwarzer Pfeffer

ZUBEREITUNG

100 ml Sojamilch mit ½ TL Senf, ½ TL Salz, 1 TL Apfeldicksaft und ½ TL Zitronensaft mischen. Dann 250 ml Öl langsam mit einem Stabmixer einmixen. Mit Zitronenabrieb und schwarzem Pfeffer abschmecken und eventuell noch etwas mehr Süße dazu geben.

TIPP Diese Basis lasst sich vielfach abwandeln. Man kann Kürbiskernöl statt dem geschmacksneutralen Öl verwenden. Weitere Abwandlungen konnen sein: Süße Chilisoße, Harissa, Koriander und Limette, Miso, Petersilie und Zitrone, Kapern und hartgekochte Eier, Kaffee und Kardamom, Chili mit Ingwer und Limette.

ZEITEN Zubereitungszeit: 20 Minuten
EQUIPMENT Schraubgläser

ZUTATEN

100 g Haselnüsse
1 Bund Petersilie
160 ml Olivenöl
1 TL Salz
½ TL Vanilleextrakt
Schwarzer Pfeffer
1 Zitrone

ZUBEREITUNG

Ofen auf 160 °C aufheizen. 100 g Haselnüsse für 11 Minuten im Ofen rösten. Aus dem Ofen nehmen und auf ein Küchentuch schütten. Die braune Haut der Nüsse mit dem Handtuch abrubbeln und auskühlen lassen.

Dann die Nüsse grob hacken und in den Mörser geben. 1 Bund Petersilie grob hacken und auch in den Mörser geben. Nüsse und Petersilie mit 160 ml ÖL übergießen und mit dem Stößel mahlen. Mit 1 TL Salz, ½ TL Vanille, schwarzem Pfeffer und Zitrone abschmecken.

Das Pesto in saubere Schraubgläser füllen und mit Olivenöl bedecken, damit das Grün nicht oxidiert. Das Pesto hält sich für ca. 14 Tage im Kühlschrank.

„Lecker zu gegrilltem Gemüse und Fisch oder in Sauerrahm zur Pasta.!“

„SIEHST DU? ICH RUHE AUF DEM EXQUISITEN PORZELLAN UND DU LIEGST NUR AUF DEM FRÜHSTÜCKSBRETTCHEN!"

Bei Oma Edith hat alles seine ganz klare Ordnung und dazu gehört auch, dass es bestimmte Gerichte zu bestimmten Anlässen gibt. Rinderrouladen sind so ein Essen, welches aus der täglichen Ordnung fällt und speziell ist. Solche Außergewöhnlichkeiten werden natürlich auch nicht am Küchentisch und vom Alltag-Geschirr gegessen. Rouladen werden auf den Tellern aufgetragen, die in der Glasvitrine links aufbewahrt werden. Das ist dann so, als würden die Rouladen hochnäsig auf das Mettbrötchen herabblicken und sagen „siehst du? Ich ruhe auf dem exquisiten Porzellan und du liegst nur auf dem Frühstücksbrettchen!" Man kann richtige Rindsrouladen nicht schnell zubereiten. Dazu muss man sich Zeit nehmen und es vielleicht wie eine Meditation betrachten. Es ist Entschleunigung. Beruhigung. Entspannung. Und am Ende hat man auch noch was Grandioses zu essen. Für die Rouladen und die Beilagen muss man 2 Stunden Vorbereitung einplanen. Das sind 2 Stunden „me time". 120 Minuten die Welt ausblenden und was für sich selbst tun. Kochen wird so oft als lästig betrachtet. Für mich ist es Selbstfürsorge oder Sorge tragen für Menschen, die mir wichtig sind. Kochen hat immer mit Fürsorge zu tun. Das kann mal aufwändiger ausfallen und mal einfacher, aber am Ende ist es doch so, dass nichts so tief in unseren Körper eindringt, wie das, was wir essen, und es lohnt sich das so bewusst zu machen, wie es einem selbst möglich ist. Ich kann nur empfehlen sich Zeit fürs Kochen und Essen zu nehmen. Und wenn das schwer für jemanden ist, dann ist es auch ok.

OMA EDITH

POST

1 HÜHNCHEN – 3 GERICHTE

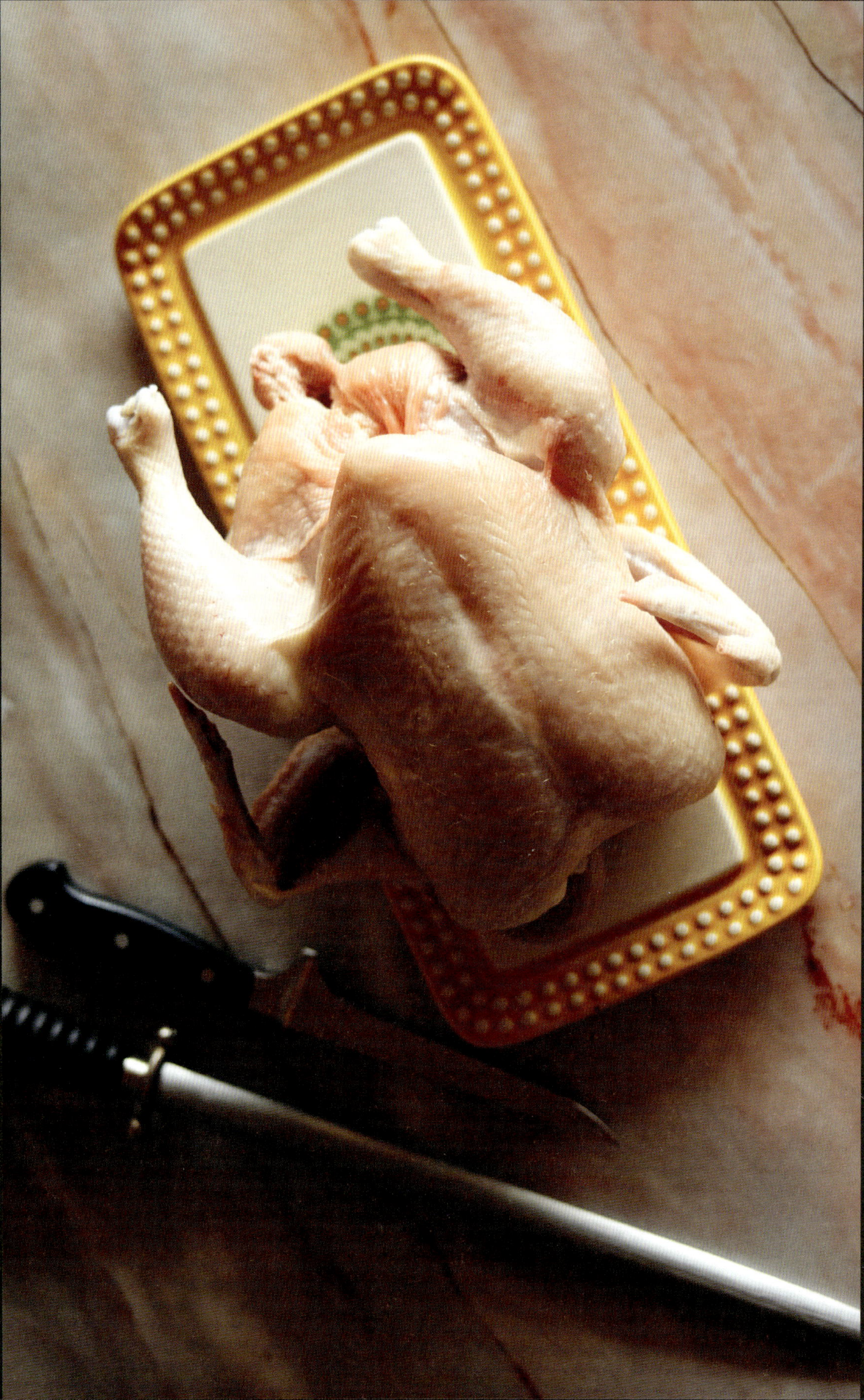

Ein Bio-Hühnchen wird durch die andere Haltung in der Regel älter und damit auch schwerer als ein Tier aus konventioneller Mast. Es wiegt schon mal 1.800 g. Wenn man davon 25 % Knochen abzieht, dann bleiben ungefähr 8 Portionen Fleisch übrig. Da kocht man dann am besten für viele Menschen oder man macht 3 unterschiedliche Gerichte.

Was ich aus einem Huhn mache

> Hühnerfrikassee mit Mettklößchen
> Geschnetzeltes Hähnchen mit Curry und Reis
> Hühnersuppe

Wie mach ich das?

Als erstes das Hähnchen zerlegen.

Es empfiehlt sich direkt die Suppe anzusetzen. Daraus dann das Frikassee als erstes Gericht kochen. Als Nächstes das Geschnetzelte und dann etwas aus der Suppe. Es entstehen also mindestens 3 Mahlzeiten von einem Hähnchen.

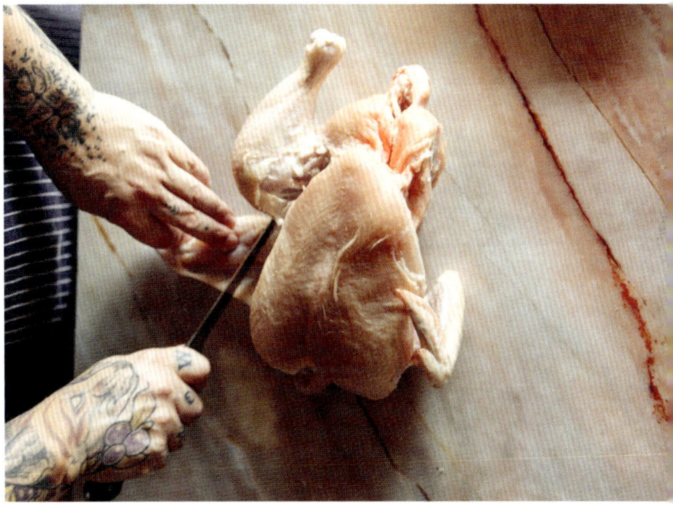

1 HÜHNCHEN // HÜHNERBRÜHE

ZEITEN Zubereitungszeit: 1,5 Stunden
MENGE 4–6 Portionen

ZUTATEN

Karkasse und Flügelspitzen vom Huhn
3 l Wasser
1 große Zwiebel
1 Handvoll Zwiebelschalen
2 Stk. Karotten
1 Stk. Pastinake
10 cm Sellerie
1 Stk. Lauchgrün
1 Bund Petersilienstiele
1 Tomate
8 Pfefferkörner
2 Stk. Lorbeerblatt
1 TL Salz
3 Stk. Nelken

ZUBEREITUNG

Die Karkasse evtl. noch etwas kleiner hacken. Die Karkasse mit den Hähnchenschlegel in einen großen Topf geben und 3 L Wasser dazu gießen. Alles ohne Deckel zum Kochen bringen. Wenn die Brühe einmal aufgekocht ist, den entstandenen Schaum abschöpfen. In der Zwischenzeit das Gemüse waschen und in grobe Stücke schneiden. Dann das gesamte Gemüse und alle Zutaten in die Suppe geben.

Die Brühe für ca. 60 Minuten leicht simmern lassen. Die Brühe ist fertig, wenn die Hähnchenschlegel weich und gar sind. Um das zu überprüfen, mit einer Gabel in das Gelenk am Schlegel stechen, wenn klarer Fleischsaft austritt, ist das Fleisch gar. Die Schlegel aus der Brühe nehmen und für das Frikassee zur Seite stellen.

Wer will, kann die Brühe noch etwa 30 Minuten weiter simmern lassen oder bereits abseihen. Nun kann die Suppe für das Frikassee verwendet werden. Den Rest in ein Schraubglas abfüllen, auskühlen lassen und dann im Kühlschrank für bis zu 7 Tage aufbewahren.

1 HÜHNCHEN // HÜHNERFRIKASSEE

MIT METTKLÖSSCHEN

ZUTATEN

Fleisch von den Hühnerkeulen
3 EL Butter
3 EL Mehl
150 ml Weißwein
600 ml Hühnerbrühe
100 ml Sahne
300 g Mett
150 g Karotten
100 g Champignons
150 g gefrorene Erbsen

ZUBEREITUNG

600 ml Hühnerbrühe in einen Topf geben und zum Kochen bringen. 150 g Karotten schälen und in feine Scheiben schneiden. 100 g Champignons putzen und in feine Scheiben schneiden.

Das ganze Gemüse in die Hühnerbrühe geben und ca. 6 Minuten köcheln lassen, damit es bissfest ist. Während dieser Zeit die Haut von den Hähnchenschlegeln entfernen und die Knochen aus dem Fleisch lösen. Das Fleisch klein schneiden.

3 EL Butter in einem Topf schmelzen. 3 EL Mehl in die geschmolzene Butter rühren und leicht bräunen. 150 ml Weißwein zur Mehlschwitze gießen und kontinuierlich rühren, damit sich keine Klümpchen bilden.

Die Hühnerbrühe mit dem Gemüse passieren. Die Brühe dabei am besten direkt in den Topf mit der Mehlschwitze und dem Weißwein gießen. Die Sahne dazu geben und leicht köcheln lassen. Dabei darauf achten, dass nichts anbrennt.

Aus dem Mett kleine Klößchen formen und zur hellen Soße geben. Die Klößchen darin ca. 6 Minuten ziehen lassen.

Nun das bissfeste Gemüse und das Fleisch der Hähnchenschlegel in die Soße geben und erhitzen. Mit Salz, Pfeffer und evtl. etwas Zitronensaft abschmecken.

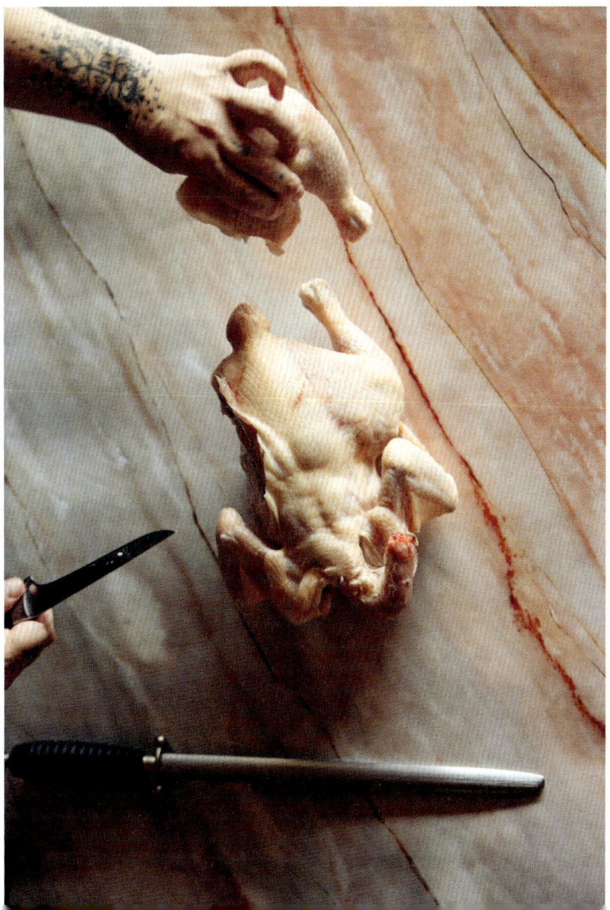

TIPP Lecker dazu ist Mangoreis.

1 HÜHNCHEN // GESCHNETZELTES HÄHNCHEN

MIT CURRY UND REIS

ZUTATEN

Hähnchenbrüste vom Huhn
½ rote Paprika
½ gelbe Paprika
1 Stk Zwiebel
2 Tomaten
2 EL Öl
1–2 EL Curry wer mag, nimmt scharf
1 TL Salz
200 ml Hühnerbrühe
150 g Crème fraîche

ZUBEREITUNG

Hähnchenbrüste schnetzeln. Paprika waschen und von den Kernen befreien, dann in 2 cm große Stücke schneiden. 1 Zwiebel fein würfeln. 2 Tomate waschen, vierteln und die Kerne entfernen, dann in ca. 2 cm dicke Stücke schneiden.

In einer Pfanne 2 EL Öl erhitzen und darin die Zwiebeln glasig dünsten, dann die Paprika und das Fleisch dazu geben. Mit Currypulver und Salz würzen und für ca. 3–4 Minuten braten.

200 ml Hühnerbrühe angießen und so lange köcheln lassen, bis die Flüssigkeit komplett verkocht ist. Nun die Tomatenstücke und 150 g Crème fraîche einrühren. Evtl. mit etwas Salz abschmecken. Mit Basmatireis servieren.

BLINDHUHN

ZEITEN Zubereitungszeit: 20 Minuten // Kochzeit: 60 Minuten
MENGE 8 Portionen

ZUTATEN

300 g durchwachsener Bauchspeck
300 g Kartoffeln
vorwiegend festkochend
300 g Karotten
1 mittelgroße Zwiebel
250 g frische grüne Bohnen
200 g Äpfel
200 g Birnen
400 g weiße Bohnen aus der Dose
700 ml Gemüsebrühe
1 EL Öl, geschmacksneutral
½ TL Bohnenkraut
1 TL Salz
250 g Mettenden
½ Bund Schnittlauch
4–8 EL Apfelessig

ZUBEREITUNG

300 g Bauchspeck in ca. 2 cm große Würfel schneiden. 300 g Kartoffeln und 300 g Karotten schälen und in ca. 1,5 cm große Würfel schneiden. 1 Zwiebel schälen und auch in 1,5 cm Würfel schneiden. 250 g Bohnen putzen und in ca. 5 cm lange Stücke schneiden.

200 g Äpfel und 200 g Birnen entkernen und schälen. Beide Obstsorten grob in grobe Würfel schneiden. 400 g weiße Bohnen in ein Sieb gießen und mit kaltem Wasser abspülen.

1 EL Öl in einem Topf erhitzen und darin den Speck kräftig anbraten. Dann Kartoffeln, Karotten, Zwiebel, grüne und weiße Bohnen dazu geben. Mit Gemüsebrühe aufgießen und Äpfel und Birne mit in den Eintopf geben. Mit Bohnenkraut und Salz würzen. Die Mettenden in den Topf legen und einmal aufkochen lassen. Nun die Temperatur etwas zurückdrehen und mit aufgelegtem Deckel für ca. 30 Minuten köcheln lassen.

Eintopf auf Teller verteilen und mit reichlich Petersilie garnieren. Je nach Geschmack etwas Essig über den Eintopf geben.

Ich kann mich erinnern, dass ich den Eintopf als Kind überhaupt nicht mochte, weil ich mit dem Essiggeschmack nicht klarkam.

Im Gegensatz dazu hat mein großes Patenkind Hannah Blindhuhn schon als kleines Kind verschlungen und wenn man sie nach ihrem Lieblingsessen von Oma Edith fragt, kommt immer Blindhuhn an erster Stelle.

Ich selbst mag den westfälischen Klassiker inzwischen auch, aber immer noch ohne Essig.

Blindhuhn heißt übrigens so, weil der Eintopf so dick ist, dass selbst ein blindes Huhn etwas darin finden kann.

ERBSEN UND WURZELN

ZUTATEN

2 EL Butter
2 EL Weizenmehl
1 Glas Erbsen und Wurzeln 620 g Füllmenge
Salz
Muskatnuss
1 EL Butter

ZUBEREITUNG

2 EL Butter in einem kleinen Topf schmelzen. Wenn die Butter geschmolzen ist, mit einem Schneebesen das Mehl einrühren. So lange rühren, bis die Mischung ganz leicht Farbe bekommt. Dabei soll die Mehlschwitze nicht dunkel werden. Nun die Flüssigkeit aus dem Glas in den Topf gießen und ständig weiter rühren und für ca. 2 Minuten leicht köcheln lassen.

Jetzt das Gemüse dazu geben und mit Salz und Muskatnuss abschmecken. Für weitere 2–3 Minuten köcheln lassen, bis alles heiß ist. 1 EL Butter einrühren und servieren.

TIPP Dazu passen Salzkartoffeln und panierte Schnitzel oder panierte Kotteletts

Ich habe wirklich lange überlegt, ob dieses einfache Rezept etwas in einem Kochbuch verloren hat. Ob es in ein Kochbuch gehört, weiß ich nicht, aber es gehört ganz sicher in mein Kochbuch, weil nichts mehr „Jupiterstraße, Oma Edith, umsorgt sein, Kindheit und Schmackofatz" schreit, wie dieses wirklich erdenklich simple Rezept.

Wenn Oma gefragt hat, was wir essen wollen haben wir immer „Erbsen und Wurzeln" gesagt und es kam vor, dass wir bei einem 10-tägigen Besuch das Gericht 4-mal gegessen haben, weil's so gut ist. Dazu gab es Kassler oder Schnitzel oder manchmal auch nichts weiter als die üblichen Salzkartoffeln.

Salzkartoffeln sind übrigens auch so eine typische Oma Sache. Ich bin im Hotel im Allgäu mit Spätzle Knödel und Pommes aufgewachsen. Salzkartoffeln waren äußerst exotisch

RAHMKOHLRABI

MIT KASSLER UND KARTOFFELN

ZUTATEN

8 mittelgroße Kartoffeln
Salz
3 Stk. Kohlrabi
1 EL Butter
150 ml Sahne
50 ml Wasser
½ TL Salz
Frisch geriebene Muskatnuss
4 Scheiben Kassler, je ca. 200 g
1 EL Öl

ZUBEREITUNG

8 Kartoffeln waschen und schälen. In einen Topf mit Salzwasser geben und weich kochen.

3 Kohlrabi schälen und in Streifen schneiden. 1 EL Butter in einem Topf schmelzen und die Kohlrabi darin sautieren. Mit 50 ml Wasser und 150 ml Sahne aufgießen. Würzen mit Salz und Muskatnuss. Leicht köcheln lassen, bis die Flüssigkeit ca. zur Hälfte reduziert ist bzw. die Kohlrabi weich sind. Sollte die Soße dann noch zu dünn sein, etwas Speisestärke mit Wasser anrühren und damit abbinden.

In einer Pfanne etwas Öl erhitzen und darin 4 Kassler-Scheiben von beiden Seiten anbraten.

Alles auf Teller anrichten. Wer mag, mit gehackter Petersilie garnieren.

Rahmkohlrabi stehen auf Platz zwei meiner am liebsten und häufigsten gegessenen Speisen. Vor dem famosen Gemüse stehen nur noch Pommes.

Oma und Opa hatten früher einen Selbstversorgergarten in dem auch Kohlrabi wuchsen. Wir hatten mal eine wilde Rahmkohlrabi-Phase. Da haben wir erst den ganzen eigenen Kohlrabi aus dem Garten gegessen. Das hat für vier Tage gereicht, aber am fünften Tag hatten wir immer noch „Hunger“ auf das samtige, süße Gemüse, sodass Oma mit uns zum Supermarkt geradelt ist und Kohlrabi für noch 3 Tage gekauft hat. Wir haben wirklich sieben Tage am Stück Rahmkohlrabi mit Kartoffeln gegessen.

ROTBARSCH

MIT SENFSAUCE, SALZKARTOFFELN UND GURKENSALAT

ZEITEN Zubereitungszeit: 60 Minuten
MENGE 6 Portionen

ZUTATEN

6 große Kartoffeln
1 EL Salz
800 g Gurke
6 EL French Dressing siehe Rezept Seite 81
4 Stiele Dill + 4 Dillspitzen zum Garnieren
1.000 g Rotbarschfilet
1 kleine Zwiebel
1 EL Öl
500 ml Kochwasser von den Salzkartoffeln
3 EL Dijon Senf
3 EL grober Senf
30 ml Sahne

ZUBEREITUNG

6 große Kartoffeln waschen und schälen. Kartoffeln vierteilen und in einen Topf mit 1 EL Salzwasser geben. Den Topf auf den Herd stellen und zum Kochen bringen.

800 g Gurke waschen, schälen und fein schneiden. Dill hacken und zu den Gurken geben. Mit French Dressing marinieren.

1 kleine Zwiebel schälen und fein würfeln. In einem Topf 1 EL Öl erhitzen und die Zwiebel darin mit 3 EL Senf dunkelbraun anbraten. Mit Kartoffelwasser ablöschen und 2 Kartoffelstücke dazu geben. Die 30 ml Sahne angießen. Für ca. 10 Minuten köcheln lassen, dann mit dem Pürierstab fein mixen.

Fisch in 6 Portionen teilen. In einer Pfanne Öl erhitzen und darin die Fischfilets anbraten. Dazu die Stücke in die Pfanne geben und so lange braten, bis sie sich vom Boden der Pfanne lösen. Das dauert ca. 3–4 Minuten. Dann den Fisch wenden und leicht salzen und für ca. 2 Minuten weiter braten.

Gurkensalat auf 6 Teller verteilen. Darauf die die Kartoffeln setzen und den Fisch auf den Kartoffeln platzieren. Mit Senfsoße übergießen und mit Dill garnieren.

Dieses Rezept ist ein Mysterium. Mein Vater und ich standen neben Oma Edith in ihrer Küche und haben jeden Schritt aufgeschrieben und alle Zutaten abgewogen. Wir haben es exakt so im Ifenblick nachgekocht und es hat nie so geschmeckt wie bei Oma.

Unsere Vermutung ist, dass das Wasser eine Rolle spielt und allgäuerisches Wasser eben nicht ostwestfälisches Wasser ist. Es kann auch sein, dass hier der „Küstennebel-Effekt" greift. Der Sternanis-Schnaps schmeckt superlecker, wenn man im Urlaub an der Küste ist. Wenn man sich eine Flasche davon zu Hause aufmacht, fühlt sich das alles irgendwie komisch an.

Trotzdem hat es das Rezept in mein Kochbuch geschafft, denn das Gericht ist einfach und lecker.

FERNSEH-ESSEN

ZUTATEN

200 g Parboiled Reis
400 ml Gemüsebrühe
400 g Champignons
1 kleine Zwiebel
1 Zehe Knoblauch
½ Bund Petersilie
1 EL Öl
200 ml Sahne
Etwas Salz
1 EL Butter
150 g Parmesan

ZUBEREITUNG

200 g Reis in ein Sieb geben und unter fließendem Wasser abwaschen. 400 ml Gemüsebrühe aufkochen, dann den Reis dazu geben und noch einmal aufkochen lassen. Nun den Herd auf kleinste Stufe zurückschalten und einen Deckel auf den Topf legen. Den Reis quellen lassen, bis er die gesamte Brühe aufgesogen hat.

In der Zwischenzeit die Champignons putzen und in feine Scheiben schneiden. Die Zwiebel schälen und fein würfeln. Knoblauch schälen und fein hacken. Petersilie waschen und hacken. Ein EL ÖL in einem Topf erhitzen. Darin die Zwiebel und den Knoblauch glasig dünsten. Die Pilze dazu geben und kurz anbraten. Den weichen Reis zu den Pilzen geben und mit Sahne angießen. Mit Salz und Petersilie würzen.

Für 3–5 Minuten köcheln lassen, sodass die Sahne einreduziert. Sie sollte bis auf ⅓ eingekocht sein. Nun den Parmesan und die Butter einrühren. Auf Teller verteilen und mit viel Petersilie bestreuen.

Als Kinder waren wir einen Großteil unserer Sommerferien bei Oma und Opa in Minden. Eine wunderbare Sache an unseren Großeltern war, dass wir machen durften, was wir wollten. Oma konnte einen Videorekorder mit Show View programmieren und hat uns alte Filme aufgenommen. Wir hatten VHS-Kassetten mit den Sissi-Filmen, Immenhof und 3 Mann in einem Boot. Oma hat uns Reifröcke für ihre alten Nachthemden genäht und wir sind schon morgens im Sissi-Style ums Haus gerannt.

Ich fand Filme und Fernsehen schon immer grandios faszinierend. Egal, ob es Spielfilme waren oder Dokumentationen oder Kochsendungen. Sie haben mich in ferne Länder und andere Gedankenwelten entführt. Sie haben mir Dinge gezeigt, die ich nicht kannte. Ich glaube, dass unter anderem das TV dafür gesorgt hat, dass mein Horizont sich für neue Dinge öffnen konnte und meine Großeltern und auch meine Eltern haben dafür gesorgt oder es zumindest nicht verhindert, dass dieser Horizont, diese Horizonte sich ausbreiten konnten.

Damals gab es bei den öffentlich-rechtlichen Sendern ein spezielles Sommerferien-TV-Programm. In einer der Sendungen wurde auch etwas gekocht. Wir saßen zu dritt vor dem Fernseher und haben darauf gewartet, dass das Rezept eingeblendet wurde, damit wir es abschreiben konnten.

Aus heutiger Sicht würde ich sagen, dass es sich bei diesem Gericht um sowas Ähnliches wie ein Risotto gehandelt haben muss oder vielleicht war es auch nur Reis mit Pilz-Sahne-Soße.

Eine der Zutaten in dem Gericht war Parmesan. Wir waren also mit Oma beim Einkaufen und sammelten die benötigten Lebensmittel für das Fernsehessen ein: Reis, Sahne, Petersilie, Champignons und Parmesan. Wo wir den finden sollten, wussten weder wir noch Oma. Weil Oma aber eine sehr patente Frau war, gab es folgende Lösung: Miracoli-Spaghetti. In der Packung waren Spaghetti, Tomatensoße und eine kleine Tüte trockener Parmesan. Davon hatte sie in der Reklame gehört und die Spaghetti und die Tomatensoße waren dann die Zugabe zum Parmesan.

MILCHREIS

ZUTATEN

1 L Milch
4 EL Zucker
1 Prise Salz
250 g Milchreis
150 g Butter
8 EL Zucker
1 TL gemahlener Zimt
400 g Apfelmus

ZUBEREITUNG

1 L Milch mit 4 EL Zucker und 1 Prise Salz aufkochen. 250 g Milchreis in die kochende Milch einrühren und aufkochen lassen. Dabei ständig rühren, damit nichts anbrennt. Dann die Temperatur zurück drehen und den Reis auf kleinster Flamme mit geschlossenem Deckel für ca. 30 Minuten quellen lassen. Dabei ab und an umrühren.

150 g Butter bräunen. Dazu die Butter in Stücke schneiden und in einen kleinen Topf geben. Den Topf auf den Herd stellen und zum Köcheln bringen. Dabei nimmt die Butter eine goldene Farbe an. Die Temperatur nicht zu hoch stellen, denn so verbrennt die Butter meistens. Lieber eine niedere Temperatur wählen und etwas mehr Geduld haben.

Milchreis in eine Schale schöpfen und etwas der gebräunten Butter darüber verteilen. Mit Zimt und Zucker sowie Apfelmus servieren.

Das wirklich schlimmste für mich in Minden war Grünkohl. Ich konnte den Geruch als Kind nicht ertragen. Das ganze Haus roch danach und ich konnte die Begeisterung der Erwachsenen für diese dunkelgrüne Schrecklichkeit nicht im geringsten Verstehen. So sehr wir sonst machen durften, was wir wollten, aber es gab keine Extrawürste beim Essen. Gegessen wurde, was gekocht wurde. An Grünkohltagen war meine Uroma Leni, die damals im oberen Stock wohnte, mein rettender Engel, wenn sie was anderes als Grünkohl kochte. Das himmlischste war Milchreis.

Dann krabbelte ich über die Armlehne der Sitzbank hinter den Küchentisch und bekam einen tiefen Teller vorgesetzt, der bis zum Rand mit heißem Milchreis gefüllt war. Auf dem Tisch stand ein Einmachglas mit Zimt und Zucker. Der wurde so dick auf den Milchreis gestreut, dass er eine durchgängige braun glitzernde Oberfläche hatte. Und dann wartete man, bis er eine ganz leichte Haut gezogen hatte und man stach vom Rand her einzelnen Löffel dieser Glückseligkeit ab. Niemals wurde umgerührt und Oma Leni hatte uns eindrücklich erklärt, dass es sinnvoller ist vom Rand zu essen, statt aus der lavagleichen Mitte.

Die braune Butter habe ich von meinen Balderschwanger Großeltern Oma Erika und Opa Willi übernommen.

DUTCH BABY

MIT ERDBEERRÖSTER

ZUTATEN

Erdbeerröster

500 g Erdbeeren
1–2 EL Holunderblütensirup
4 Blätter Basilikum
2 EL Crème fraîche
1 TL Vanillezucker

Dutch Baby

3 Eier
Etwas Salz
180 ml Milch
100 g Mehl
2 EL Brat- und Backöl

ZUBEREITUNG

Für den Röster die Erdbeeren putzen und halbieren. Beeren mit Holundersirup mischen und in eine Auflaufform geben.

Backofen auf 190 °C vorheizen und für ca. 10 Minuten eine ofenfeste Pfanne in den Ofen stellen.

3 Eier mit Salz und 180 ml Milch mit einem Schneebesen oder dem Handrührgerät verrühren. 100 g Mehl hinzugeben und zu einem glatten Teig verarbeiten.

Pfanne vorsichtig aus dem Ofen nehmen und mit Öl ausgießen. Den Teig einfüllen und ca. 15–20 Minuten im Ofen backen. Die Erdbeeren ebenfalls für die Zeit mit in den Ofen stellen.

In der Zwischenzeit die Crème fraîche mit Vanillezucker verrühren. Die Basilikum-Blätter zerreißen und auch in die Crème fraîche einrühren.

Dutch Baby und Erdbeeren aus dem Ofen nehmen. Die Erdbeeren und den Crème fraîche auf dem Dutch Baby anrichten und servieren.

Einer der großen Edithschen Klassiker sind Eierpfannkuchen. Dicke, flauschige Pfannkucher, die mit Zimt und Zucker oder Erdbeermarmelade serviert wurden.

Ich habe den Klassiker ein wenig abgewandelt und eine Version daraus gemacht, die im Ofen gebacken wird.

RAHMSPINAT

MIT SPIEGELEIERN UND SALZKARTOFFELN

ZEITEN Zubereitungszeit: 35 Minuten
MENGE für 4 Portionen

ZUTATEN

800 g festkochende Kartoffeln
Salz
1 mittlere Zwiebel
1 EL Öl
3 EL Wasser
500 g tiefgefrorener Spinat* siehe unten
200 g Sahne
Salz, Muskatnuss
2 EL Öl
8 Eier

ZUBEREITUNG

800 g Kartoffeln waschen, schälen und in einen großen Topf mit Salzwasser geben. Topf auf den Herd stellen und zum Kochen bringen. Kartoffeln für ca. 20 Minuten köcheln, bis sie weich sind.

1 Zwiebel schälen und fein würfeln. In einem Topf 1 EL Öl erhitzen und darin die Zwiebel glasig dünsten.

500 g gefrorenen Spinat und 3 EL Wasser in den Topf geben. Den Spinat für 10 Minuten auf niederer Temperatur garen. Mit Salz und Muskatnuss würzen. 200 g Sahne dazugeben und für ca. 4 Minuten köcheln lassen.

2 EL Öl in eine Pfanne geben. 8 Eier in die Pfanne schlagen und für ca. 2–3 Minuten stocken lassen. Mit Salz und Pfeffer nach Belieben würzen.

Spinat und Kartoffeln auf 4 Tellern verteilen. Je 2 Spiegeleier dazu geben und servieren.

Wenn man im Hotel aufwächst, dann hat man vieles an Leckereien, die andere nur dann bekommen, wenn sie ins Restaurant gehen. Pommes, Kroketten, Kaiserschmarrn, Apfelstrudel, Schnitzel ... und zwar quasi täglich, wenn man wollen würde. Was wir als Kinder zu Hause nie hatten: Rahmspinat und Spiegeleier. Natürlich gab es bei Oma die allgegenwärtigen und hoch exotischen Salzkartoffeln dazu. Auch hier habe ich wieder lange überlegt: Kannst du wirklich in dein Kochbuch ein Rezept schreiben, in dem du *gefrorenen Spinat verwendest.

Offensichtlich kann ich und das sind meine Gründe dafür:

> Es ist sehr frustrierend, wenn man frischen Spinat putzt und dann blanchiert. Der Unterschied im Volumen von roh zu blanchiert ist unglaublich groß.
> Oma Edith hat gefrorenen Spinat verwendet! Wenn Oma das gemacht hat, dann machen wir das auch und dabei spielt es keine Rolle wie lange und wie ausgefallen man kocht. Wir machen, was Oma gemacht hat.
> Gefrorener Spinat ist qualitativ nicht weniger gut als frischer.
> **Das Gericht macht glücklich und das ist der wichtigste Grund von allen.**

REIBEKUCHEN

ZUTATEN

1 kg festkochende Kartoffeln
1 kleine Zwiebel
2 Eier
2 TL Salz
Reichlich geschmacksneutrales Öl

ZUBEREITUNG

1 kg Kartoffeln schälen und fein raspeln. 1 Zwiebel schälen und auch reiben. Kartoffeln und Zwiebeln mit 2 Eiern mischen.

Kräftig salzen. Der Teig darf ruhig etwas versalzen schmecken. Mit Muskatnuss würzen.

In einer möglichst schweren Pfanne Öl erhitzen. Nun löffelweise Teig in die Pfanne geben und goldbraun braten. Die Reiberdatschi aus der Pfanne nehmen und auf Küchenpapier abtropfen lassen.

Reiberdatschi mit Apfelmus oder mit Kräuterschmand servieren.

In Minden wurde für gewöhnlich in der Küche gegessen. Selten, bei speziellen Anlässen, wenn wirklich alle da waren, auch in der Stube. Gegrillt wurde in „der Ecke" und Kartoffelpfannkuchen gab es im Keller. Oma Edith hat eine sehr sensible Nase und sie fand, dass Reiberdatschi bzw. Kartoffelpfannkuchen, viel Geruchsbelästigung verursachten.

Wenn es also Reiberdatschi gab, dann stand sie in ihrer Küche im Keller. Eine wunderbare Hauswirtschaftsküche, in der man ohne Probleme ein ganzes Schwein verarbeiten konnte. Keine Ahnung, wie viele Kilogramm Kartoffeln sie für uns alle schälte und für uns von Hand rieb, aber es müssen einige gewesen sein. Wenn ich überlege, dann glaube ich, sie hat ungefähr 70 Kartoffelpfannkuchen gebacken.

Sie stand dann am Herd. Ihre Schürze umgebunden. Früher hatte sie noch einen Hauskittel unter der Schürze an, aber das war ihr irgendwann zu altmodisch. In der Tasche der Schürze war für gewöhnlich ihre Eieruhr, die sie sich stellte, wenn sie zeitlich etwas im Blick behalten musste. Auf dem Herd standen zwei Pfannen in der sie synchron die Pfannkuchen jonglierte. Neben dem Herd waren ein Tisch und ein Stuhl. Direkt bei der Kellertüre, die offen stand, damit es nicht so roch. Der Reihe nach saß man dann auf dem Stuhl, vor einem ein Teller und ein Glas Apfelmus und Oma lud so lange frische Reiberdatschi auf den Teller, bis man nicht mehr konnte. Wenn man fertig war, dann kam der nächste dran.

Oma ist jetzt 89 Jahre alt und hat keine Lust mehr, selbst Reiberdatschi zu backen. Im Hotel gibt es seit 2009 donnerstags immer vegetarisches Buffet. Einer der konstanten Bestandteile auf dem Buffet sind Reiberdatschi. Wenn Oma bei uns zu Besuch ist, dann müssen wir um 18 Uhr 5 Reiberdatschi für sie fertig haben. Sie steht nämlich um schlag 18 Uhr bei mir am Pass und sagt „Christina! Hast du meine Reibekuchen?", dann nicke ich und schiebe ihr den vorbereiteten Teller rüber und Freitag mittags bekommt sie dann nochmal 5 Reibekuchen. Oma hat gerne, wenn die Abläufe immer dieselben sind. Preußische Ordnung nennen wir das und wir lieben Oma dafür.

RIEBELESUPPE

ZEITEN Zubereitungszeit: 30 Minuten
MENGE 4–6 Portionen

ZUTATEN

2 Karotten
½ Stange Lauch
1 Pastinake
1 kleine Zwiebel
100 g Erbsen
1 EL Öl
1 L Hühnerbrühe siehe Rezept Seite 101
200 g Mehl
2 Eier
1 Messerspitze Muskatnuss
1 Prise Salz
6 Stiele Petersilie

ZUBEREITUNG

Gemüse schälen und in ca. ½ cm dicke Würfel schneiden. 1 EL Öl in einem Topf erwärmen und das Gemüse darin für ca. 8 Minuten anschwitzen. Mit 1 L Hühnerbrühe aufgießen. Für die Riebel 200 g Mehl in eine Schüssel geben. 2 Eier dazu schlagen und mit Muskatnuss und Salz würzen.

Mit den Händen verrühren und dabei den Teig zwischen den Handflächen reiben, wie bei Streuseln. Das ergibt die „Riebel". Die Riebel in die Suppe geben und ca. 5 Minuten köcheln lassen.

Petersilie hacken und mit zur Suppe geben. Mit Salz abschmecken und dann in Suppenschalen anrichten.

RINDERROULADEN 1

MIT ROTKRAUT UND KARTOFFELKNÖDEL

ZUTATEN

6 Rinderrouladen, je 180 g
3 große Gewürzgurken
5 Zwiebeln
16 Scheiben Speck
3 EL Senf
1 Lauch
2 Karotten
Salz, Pfeffer
2 EL Öl
2 EL Tomatenmark
150 ml Rotwein
500 ml Rinderbrühe oder Wasser
2 Lorbeerblätter
4 Pimentkörner
4 Wacholderbeeren

ZUBEREITUNG RINDERROULADEN

6 Rinderrouladen auf der Arbeitsfläche auslegen. 3 Gewürzgurken halbieren. 5 Zwiebeln schälen. 1 Zwiebel in 6 Spalten schneiden und für die Rouladen zur Seite stellen. Die restlichen Zwiebeln in grobe Würfel schneiden. Den Lauch waschen und in ca. 5–6 cm große Stücke schneiden. 3 Stücke halbieren und für die Rouladen zur Seite stellen. Nun beiden Karotten schälen und der Länge nach vierteln. 6 der Viertel für die Rouladen auf die Seite stellen.

Die Rouladen mit Salz und Pfeffer von beiden Seiten gut würzen und dann mit Senf einstreichen. Den Speck auf den Rouladen verteilen. Auf jede Roulade an einem Ende 1 Stück Gewürzgurke, Zwiebel, Lauch und Karotte legen. Die Roulade nun aufrollen und mit einem Zahnstocher oder einer Rouladennadel fixieren.

RINDERROULADEN 2

MIT ROTKRAUT UND KARTOFFELKNÖDEL

ZUTATEN

6 Rinderrouladen, je 180 g
3 große Gewürzgurken
5 Zwiebeln
16 Scheiben Speck
3 EL Senf
1 Lauch
2 Karotten
Salz, Pfeffer
2 EL Öl
2 EL Tomatenmark
150 ml Rotwein
500 ml Rinderbrühe oder Wasser
2 Lorbeerblätter
4 Pimentkörner
4 Wacholderbeeren

ZUBEREITUNG RINDERROULADEN

In einem breiten Topf oder Bräter 2 EL Öl erhitzen. Die Rouladen darin von allen Seiten anbraten, dann aus dem Bräter nehmen und auf einen Teller geben und abdecken.

Die übrigen Zwiebeln, Lauch und Karotten in den Bräter geben und darin langsam bräunen. Wenn die Temperatur zu hoch ist, wird das Gemüse verbrennen und damit dann die Soße bitter machen. Wenn das Gemüse rundum gebräunt ist, das Tomatenmark dazu geben und so lange braten, bis alles mehr bräunlich als rötlich ist. Wird das Tomatenmark nicht lange genug gebraten, wird die Soße stark nach Tomate und eher säuerlich schmecken. Durch das längere Braten karamellisiert der Zucker im Tomatenmark schön. Nun mit Rotwein ablöschen und so lange köcheln lassen, bis es wieder zu braten beginnt.

Nun Lorbeer, Piment und Wacholder dazu geben und mit ca. 500 ml Rinderbrühe aufgießen. Die Rouladen in den Fond legen. Mit einem Deckel verschließen und bei niederer Temperatur für 1,5 – 2 Stunden schmoren.

Die Rouladen sind fertig, wenn man in sie sticht und die Gabel leicht wieder aus dem Fleisch gezogen werden kann. Jetzt die Rouladen aus dem Bräter nehmen und erneut abgedeckt warm stellen.

Soße durch ein Sieb in einen Topf geben und mit etwas angerührter Speisestärke abbinden. Mit Salz abschmecken. Die Rouladen wieder in die Soße legen, dann sind sie servierbereit.

„weiße Tischwäsche ist für mich ein Symbol für besonderer Anlässe!“

RINDERROULADEN 3

MIT ROTKRAUT UND KARTOFFELKNÖDEL

ZEITEN Zubereitungszeit: 30 Minuten // Garzeit: 40 Minuten + 20 Minuten
MENGE ca. 12 Knödel

ZUTATEN

1.000 g mehlig kochende Kartoffeln (funktioniert nur mit mehligen Kartoffeln)
50 g Nussbutter – gebräunte Butter
50 g Kartoffelstärke
3 Stk. Eidotter
½ TL Salz
Muskatnuss

ZUBEREITUNG KARTOFFELKNÖDEL

Backofen auf 160 °C vorheizen. 1.000 g Kartoffeln gründlich waschen und auf ein Backblech legen. In den heißen Ofen geben und für ca. 40 Minuten weich backen.

Kartoffeln aus dem Ofen nehmen, kurz abkühlen lassen, aber noch möglichst heiß schälen. Dann durch eine Kartoffelpresse drücken.

Zu den Kartoffeln nun 3 Eidotter, 50 g Nussbutter, ca. ½ TL Salz und Muskatnuss geben. Alles zu einer homogenen Masse verkneten. Nach Bedarf von der Kartoffelstärke beimengen.

In einem großen Topf Salzwasser zum Kochen bringen. Einen Probeknödel formen und in dem leicht simmernden Wasser für ca. 20 Minuten gar ziehen lassen. Eventuell die Masse noch nachwürzen. Dann 12 Knödel formen und wie oben beschrieben garen.

Knödel aus dem Wasser nehmen und servieren.

TIPP Durch das Garen im Ofen werden die Kartoffeln relativ trocken und es muss weniger Stärke zur Masse gegeben werden. Die Masse wird feiner, wenn man die Kartoffeln durch eine Kartoffelpresse drückt. Ist diese nicht zur Hand, dann können die Kartoffeln auch gestampft und durch ein Sieb gestrichen werden. Bleiben Knödel übrig, dann kann man sie für 2–3 Tage im Kühlschrank aufbewahren. Sie lassen sich prima mit Pilzen anbraten.

RINDERROULADEN 4

MIT ROTKRAUT UND KARTOFFELKNÖDEL

ZUTATEN

1.000 g Rotkohl
2 EL Öl
2 Stk. Boskop Äpfel – es geht auch jede andere säuerliche Sorte
Salz
1 Zwiebel
100 ml Rotwein
150 ml Apfelsaft
2 Nelken
1 Lorbeerblatt
5 ganze schwarze Pfefferkörner
1 Zimtstange
5 Wacholderbeeren

ZUBEREITUNG ROTKOHL

1.000 g Rotkohl halbieren und die äußeren Blätter entfernen. Kohl fein hobeln.

2 Äpfel schälen und in mittlere Würfel schneiden. 1 Zwiebel schälen und fein würfeln. 2 EL Öl erhitzen und darin die Zwiebeln glasig dünsten. Kohl, 2 Äpfel und Gewürze dazugeben.

Kurz dünsten und dann mit Saft und Rotwein aufgießen. Ohne Deckel für ca. 20–30 Minuten köcheln lassen. Dabei immer wieder umrühren, damit der Kohl nicht anbrennt. Der Kohl ist fertig, wenn er weich ist.

TIPP die lästige Suche nach den Nelken und anderen Gewürzen im Kohl kann man sich sparen, wenn man sie in einen Teebeutel gibt und den Teebeutel mit Bratenschnur verschließt. Dabei ein langes Stück Faden übrig lassen und am Griff des Topfes sichern. Wie einen Anker. Zieht man an dem Faden, hat man alle Gewürze auf einen Schlag gefunden.

SAUNASUPPE

ZUTATEN

2 EL Öl
500 g Mett
1 L passierte Tomaten
720 g Pusztasalat
350 g Schmelzkäse
500 ml Gemüsebrühe
Nach Geschmack
Sriracha siehe Rezept Seite 87
Salz und Pfeffer

ZUBEREITUNG

Öl in einem Topf erwärmen. Mett darin anbraten. Passierte Tomaten dazu geben und für 15 Minuten leicht köcheln lassen.

Pusztasalat abgießen. Das Gemüse zusammen mit dem Schmelzkäse zur Suppe geben. Gemüsesuppe angießen und abschmecken. Suppe in Suppentassen abfüllen und servieren.

TIPP Die passierten Tomaten mindestens 15 Minuten köcheln lassen, damit die Säure reduziert wird. Ich empfehle, vorsichtig mit dem Salz zu sein, denn in den Zutaten ist schon viel Salz versteckt. Wer es gerne noch schärfer mag, kann mit Chili und scharfem Paprikapulver nachhelfen. Lecker dazu ist gekochter Reis oder Sesam-Kringel, siehe Rezept Seite 61.

Saunasuppe ist geschmacklich „viel mit viel" und bedarf keinerlei Kochkenntnisse. Der Eintopf verdankt seinen Platz in diesem Kochbuch Konstantin und Laurenzia, denn meine Kinder geraten in helle Verzückung, wenn sie von Oma Ediths Essen sprechen. Und das Leuchten in ihren Augen wird nochmal um einige Lux heller, wenn sie von Omas Saunasuppe erzählen.

SCHNIPPELBOHNEN 1

MIT RIPPCHEN

ZEITEN Zubereitungszeit: 1.5 Stunden // Einlegen: 4 Wochen
EQUIPMENT Schnippelbohnenschneider, Steinguttöpfe, Einkochgläser, Einkochtopf

ZUTATEN

5.000 g Schnippelbohnen
2 L Wasser
2 TL Salz

ZUBEREITUNG

Eingekochte Schnippelbohnen
5.000 g grüne Bohnen geputzt und geschnippelt 300 g Meersalz, nicht jodiert. Bohnen putzen und schnippeln. Bohnen mit dem Salz mischen und dann in Steinguttöpfe geben. Dabei jede Lage einstampfen. Bohnen mit einem Gewicht beschweren und ziehen lassen. Nach 4 Wochen die Bohnen in ein Sieb gießen und abwaschen. 2 Liter Wasser mit 2 TL Salz aufkochen und erkalten lassen. Schnippelbohnen in Einmachgläser verteilen. Die Gläser dabei nur bis ca. 3 cm unter den Rand füllen. Mit der erkalteten Salzlösung auffüllen. Gläser verschließen und in einen Topf stellen. Die Gläser dürfen sich nicht gegenseitig berühren und auch nicht den Rand des Topfes. Dann so viel Wasser in den Topf gießen, dass die Gläser zu ⅔ im Wasser stehen. Topf mit einem Deckel verschließen und die Gläser für 2 Stunden einkochen. Die Gläser danach aus dem Wasser nehmen und erkalten lassen. Oma Edith hat ihre Bohnen nur einmal eingekocht. Es empfiehlt sich aber, den Vorgang nach 24 Stunden zu wiederholen.

TIPP Die Bohnen müssen geschnippelt, dann eingesalzen und für ca. 4 Wochen im Keller gelagert werden, bevor man sie einkochen kann. Bei dem Aufwand lohnt es sich, wenn man gleich viel Bohnen auf einen Schlag macht.

SCHNIPPELBOHNEN 2

MIT RIPPCHEN

ZEITEN Zubereitungszeit: 1,5 Stunden
EQUIPMENT Schnippelbohnenschneider, Steinguttöpfe, Einkochgläser, Einkochtopf

ZUTATEN

1.200 g geräucherte Rippchen
2 L Wasser
1 EL Salz
600 g eingekochte Schnippelbohnen
1 EL Speisestärke
Salz, Pfeffer
Etwas Essig zum abschmecken

ZUBEREITUNG

1.200 g Rippchen in Portionen schneiden. 2 EL Wasser mit 1 EL Salz in einem Topf zum Kochen bringen. Die Rippchen in dem Salzwasser für 60 Minuten köcheln lassen. In einen anderen Topf 600 g Schnippelbohnen geben.

Die Rippchen nach 60 Minuten aus dem Wasser nehmen und in den Topf mit den Schnippelbohnen geben und für ca. 30 Minuten weichkochen. Nach 30 Minuten die Rippchen aus den Bohnen nehmen und mit der angerührten Speisestärke andicken. Abschmecken mit Salz und Pfeffer. Auf einer große Platte anrichten und mit Salzkartoffeln servieren.

Wer mag kann die Bohnen auch mit Essig abschmecken.

Wenn man sich auf die Suche nach Ursprung und Verbreitung von Schnippelbohnen macht, stellt man schnell fest, da gibt es drei ganz grundlegend unterschiedliche Versionen. Einmal gibt es Schnippelbohnen zubereitet aus breiten Bohnen. Dann gibt es die Bohnen hergestellt aus Stangenbohnen, wobei sie einmal fermentiert werden und einmal nicht. Oma Ediths Version ist aus Stangenbohnen ohne Fermentation. Als es den Selbstversorgergarten noch gab und es Zeit war für Schnippelbohnen, saßen Oma Edith und Oma Leni hinten in bei der Ecke im Schatten. Beide in ihren Hauskitteln, eine große emaillierte Schüssel auf ihren Knien. In einem Tempo, was mir als kleines Mädchen nicht begreiflich war, griffen sie neben sich und nehmen eine Handvoll Bohnen aus einem Eimer. Dann kappten sie mit ihren kleinen Messern die Enden und ließen die Bohnen in ihren Schoß fallen.

Stangenbohnen können recht hart werden und Fäden entwickeln. Damit sie trotzdem lecker und weich werden, kann man sie schnippeln. Dafür gibt es ein spezielles Schnippelgerät. Das Ding schraubt man an die Arbeitsplatte. An ihm befindet sich ein kleiner Trichter und eine Handkurbel. Wenn man die betätigt, dann dreht sich im Inneren ein Messer. Man steckt die Bohnen in den Trichter, kurbelt und auf der anderen Seite fallen klein geschnippelte Bohnen heraus. Danach folgte dann der Teil, den ich als Kind nicht wirklich mitbekommen hatte, denn wir durften dann nicht mehr in die Küche. Grund dafür war der große Gashockerkocher, der dann mitten in der Küche stand. Auf ihm bollerte ein riesiger Topf mit Wasser und Gläsern. Die Einmachgläser waren auch säuberlich auf Handtüchern auf den Arbeitsflächen aufgereiht und warteten darauf, dass Oma sie mit Bohnen füllte und dann für zwei Stunden einkochte. Dieses Rezept ist geeignet für Menschen, die einen eigenen Garten haben oder eingekochte Bohnen geschenkt bekommen oder generell Spaß an Vorratshaltung haben.

Ich schreibe dieses Rezept auf, weil mein Sohn Schnippelbohnen liebt und man die so nicht kaufen kann. Ich habe die Vorstellung, dass er vielleicht mal für seine Kinder Schnippelbohnen kocht und er dann sagen kann: Das Rezept hat Oma Nina von ihrer Oma. Das ist eure Ur-Ur-Oma aus Minden. Und schreibe ich das Rezept jetzt nicht auf, dann geht es verloren.

„WENN ICH NACH MEINEM KOCHSTIL GEFRAGT WERDE, SAGE ICH: ICH MACHE WOHLFÜHLKÜCHE AUS 2/3 KLASSIKERN UND 1/3 EXZENTRISCHE FUSION, IN 100% BIO."

Mir fällt es unfassbar schwer, zu sagen „ich bin dies oder ich bin das" – mich festlegen ist schwer bis nicht machbar. Ich bekomme tatsächlich Beklemmungen, wenn ich darüber nachdenke. Ein Gefühl von Flucht, Panik, wenig Luft bekommen, macht sich dann in meinem Bauchraum breit. Exakt dieses Gefühl habe ich auch, wenn ich mich für eine bekannte „Küchenrichtung" entscheiden soll. Das ist ungefähr so, als würde man sagen: So! Du bist Handwerkerin und jetzt musst du dich entscheiden, ob du nur noch mit Kreuz- oder mit Schlitzschraubenziehern arbeiten möchtest. Nein! Ich kann mich nicht auf etwas reduzieren. Ich will alles. Ich will Fülle und ich will machen, was ich will: mein eigenes Ding – gerne viel mit viel! Ich orientiere mich durchaus an klassischen Garmethoden, Klassikern der traditionellen Allgäuer und Deutschen Küche, typischen Zutaten der Region und Jahreszeit, aber dann mixe ich mir die Sachen so zusammen, wie es mir gefällt. Ein wenig so wie Pipi Langstrumpf, die auch keinen Respekt vor den Dingen hatte, die man so macht, weil es sich so gehört. Mir ist wichtig, dass es schmeckt, Spaß bringt, nährt, versorgt, sich gut anfühlt. Ein wenig Provokation schadet dabei nicht.

Klassiker: Die sind natürlich so, dass man sie als Klassiker erkennt. Und trotzdem ist erkennbar, dass ich sie gemacht habe. Es gibt immer irgendwo einen kleinen Twist, den ich einbaue. Er ist meistens stimmig ins Gericht eingebettet.

Fusion: bei diesen Speisen greife ich in alle Farbpaletten der Kulinarik und empfinde große Freude und Bereicherung dabei, wenn ich Garmethoden, Rezepte aus fernen Ländern verwenden kann. Ich bewundere diese Aromen und deren Spektrum und liebe es, mich ihnen zu nähern. Erst in ihrer eigenen traditionellen Verwendung – und dann versuche ich, diese Welten in meine Küche zu integrieren und sie zu interpretieren.

DAMPFNUDEL GEFÜLLT 1

MIT ZUPFTER GOISS, PIMENT D'ESPELETTE-BRÖSEL UND APIKOSEN-KOMPOTT

ZEITEN Zubereitungszeit: 2 Stunden
EQUIPMENT Topf aus Gusseisen oder eine Pfanne mit passendem Deckel
MENGE 8 Portionen

ZUTATEN

Dampfnudel

Für den Teig:
650 g Weizenmehl
1 Prise Salz
300 ml lauwarme Milch
60 g Zucker
40 g Butter
1 Würfel frische Hefe
1 Ei

Piment d'espelette-Brösel

150 g Butter
150 g Semmelbrösel
50 g Haselnüsse – gebräunt, geschält, grob gehackt
ca. 1 TL Piment d'espelette
1 TL helle Misopaste
Salz, Pfeffer

Aprikosenkompott

500 g Aprikosen
2 EL Zucker
2 cm Ingwer
2 EL Wasser
½ Zitrone
1 Prise Salz
Etwas Quatre d'epice

ZUBEREITUNG

Für die Dampfnudeln 650 g Mehl und 1 Prise Salz in eine Schüssel geben. In die Mitte eine Vertiefung formen, 300 ml lauwarme Milch mit 60 g Zucker, 40 g Butter und 1 Würfel frische Hefe hineingeben und 15 Minuten stehen lassen. Wenn sich Bläschen bilden, Ei zugeben und mit einem Kochlöffel vermengen. Danach alles zu einem glatten Teig kneten. Teig zu einer Kugel schleifen und in eine gefettete Schüssel legen. Zugedeckt für ca. 40 Minuten an einen warmen Ort stellen und gehen lassen.

Für die Brösel

150 g Butter in einem Topf bräunen. 1 TL Misopaste dazu geben und glattrühren. 150 g Semmelbrösel, 50 g Haselnüsse und ca. 1 TL Piment d'espelette unterrühren und bräunen.

Für die Aprikosen

500 g Aprikosen entsteinen und vierteln. 2 EL Zucker und das Stück Ingwer und 2 EL Wasser zusammen mit den Aprikosen und dem Saft einer halben Zitrone aufkochen. Mit Quatre d'épices und Salz abschmecken. Einen Deckel auflegen und gar ziehen lassen. Die Aprikosen sollten weich, nicht matschig sein.

Mein persönlicher Koch-Hero Anthony Bourdain hat mich zu diesem Gericht inspiriert.

DAMPFNUDEL GEFÜLLT 2

MIT ZUPFTER GOISS, PIMENT D'ESPELETTE-BRÖSEL UND APIKOSEN-KOMPOTT

ZEITEN Zubereitungszeit: 2 Stunden
EQUIPMENT Topf aus Gusseisen oder eine Pfanne mit passendem Deckel
MENGE 8 Portionen

ZUTATEN

Füllung
300 g zupfte Goiß mit Soße
Alternativen sind: gegrilltes Gemüse oder Pilze

Zum Kochen
200 ml Milch
1 EL Butter
1 EL geschmacksneutrales ÖL
1 TL Salz

ZUBEREITUNG

Nun den Teig in 8 Teile trennen und runde Knödel formen. Diese leicht plattdrücken. In jedes Teigstück einen Löffel von der Füllung geben und verschließen. Mit der Öffnung nach unten auf ein gefettetes Backpapier legen und mit einem Tuch bedecken.

In dieser Zeit in einen Topf 80 g Butter, 100 ml Wasser, 200 ml Milch und 1 TL Salz geben. Mit einem Deckel verschließen. Einmal aufkochen lassen. Nun die Dampfnudeln in den Topf setzen. Ein Küchentuch über den Topf legen, damit das Tropfwasser vom Deckel aufgefangen wird, dann mit dem Deckel verschließen. Temperatur reduzieren und für ca. 30 Minuten bei niederer Temperatur dämpfen lassen. Den Deckel dabei nicht öffnen, sonst fallen die Germknödel zusammen.

Einen Schöpfer der Aprikosen mit dem Sirup auf einen Teller geben. Darauf einen Germknödel setzen und mit den Piment d'espelette Bröseln toppen.

Gut zu wissen Zupfte Goiß ist wie Pulled Pork – Ein über Nacht im Ofen geschmortes Ziegen-Kitzfleisch.

KÄSSPÄTZLE 1
MIT MISOZWIEBELN UND BRATAPFEL

ZEITEN Zubereitungszeit: 1 Stunde
EQUIPMENT Spätzlehobel **MENGE** 6 Portionen

ZUTATEN

Misozwiebeln
4 große rote Zwiebeln
2 EL hello Misopaste
200 g Butter
2 EL Zuckerrübensirup
400 ml Wasser
1 EL Gemüsebrühpulver

Spätzle
400 g Dinkelmehl
200 g Dinkelvollkorngrieß
5 Eier (M)
200 ml kaltes Wasser
Salz, Muskatnuss
300 g Bergkäse – möglichst älter als 6 Monate
100 g Rahmromadur
Schwarzer Pfeffer
Spätzlehobel

2 Äpfel
1 Bund Schnittlauch

ZUBEREITUNG

Misozwiebeln
Ofen auf 160 °C vorheizen. 4 große rote Zwiebeln schälen und vierteln. In eine ofenfeste Form mit den Schnittflächen nach unten geben. In einem Topf 400 ml Wasser, 1 EL Gemüsebrühe, 200 g Butter und 2 EL Zuckerrübensirup aufkochen. 2 EL Misopaste einrühren und über die Zwiebeln gießen. Für 20 Minuten im Ofen backen. Dann die Form mit einem Deckel abdecken und nochmals 20 Minuten backen.

Spätzle
Sie brauchen einen Spätzlehobel und einen Topf, auf den der Hobel passt. 300 g Käse von der Rinde befreien und raspeln. Topf mit Salzwasser auf den Herd stellen, Deckel drauf und zum Kochen bringen.

In einer Schüssel 400 g Mehl und 200 g Grieß mischen. In einem Messbecher 200 ml kaltes Wasser abmessen und 5 Eier dazugeben, außerdem Salz und Muskatnuss. Mit einem Schneebesen verrühren. Eier-Wasser-Mischung zum Mehl gießen und am besten mit den Händen rasch einen Teig kneten. Evtl. kurz quellen lassen – max. 10 Minuten.

Tipp Kasspatzenreste kann man im Kühlschrank 3–4 Tage aufbewahren. Sie lassen sich danach gut anbraten, z. B. mit Zucchini und Tomaten. Misozwiebeln schmecken auch lecker als Topping auf Käsebrot oder veganer Bohnenpaste, zu Tortillas oder Ofengemüse. Sie lassen sich im Kühlschrank circa 10 Tage aufbewahren. Das Crispy Chili-Öl ist auch sehr lecker zu den Kässpätzle. Statt Bratapfel geht auch Apfelmus.

KÄSSPÄTZLE 2

MIT MISOZWIEBELN UND BRATAPFEL

ZEITEN Zubereitungszeit: 1 Stunde
EQUIPMENT Spätzlehobel **MENGE** 6 Portionen

ZUTATEN

Misozwiebeln
4 große rote Zwiebeln
2 EL helle Misopaste
200 g Butter
2 EL Zuckerrübensirup
400 ml Wasser
1 EL Gemüsebrühpulver

Spätzle
400 g Dinkelmehl
200 g Dinkelvollkorngrieß
5 Eier (M)
200 ml kaltes Wasser
Salz, Muskatnuss
300 g Bergkäse – möglichst älter als 6 Monate
100 g Rahmromadur
Schwarzer Pfeffer
Spätzlehobel

2 Äpfel
1 Bund Schnittlauch

ZUBEREITUNG

Spätzlehobel auf den Topf auflegen. Spätzleteig in den Trichter füllen und in das kochende Wasser hobeln. Hobel vom Topf nehmen und das Wasser einmal aufkochen lassen. Spätzle mit einer Schaumkelle abschöpfen und in eine Schüssel geben.

Direkt mit Käse bestreuen. Das Ganze so oft wiederholen, bis kein Teig mehr da ist. Spätzle nun umrühren und ein wenig von der Misozwiebelflüssigkeit dazu geben. Mit schwarzem Pfeffer abschmecken. Eventuell noch etwas vom Kochwasser dazu geben, damit die Spätzle sämiger sind. Warm stellen.

2 Äpfel waschen und in Spalten schneiden. In etwas Öl die Apfelspalten von beiden Seiten gut anbraten.

Käs'spätzle auf einen Teller geben. Misozwiebeln, etwas von der Flüssigkeit, schwarzen Pfeffer, gebratenen Apfel und Schnittlauch darüber anrichten.

Tipp Den Spätzlehobel und alles, was an dem Spätzleteig klebt, mit kaltem Wasser und möglichst direkt nach Gebrauch vorspülen. So löst sich der „Batz" (Teigreste) gut ab

KIMCHI-KRAUTKRAPFEN

MIT GEMÜSEJUS UND SPIEGELEIERN

ZEITEN Zubereitungszeit 1,5 Stunden
MENGE 4 Portionen

ZUTATEN

Teig
400 g Nudelmehl – Tipo 00
100 g Hartweizengrieß
175 ml lauwarmes Wasser
2 TL geschmacksneutrales Öl

Füllung
400 g Kimchi
300 g Sauerkraut
100 g Karotten
2 EL geschmacksneutrales
Öl zum Braten

Gemüsejus
1 Paket Suppengemüse
1 große Zwiebel
1 EL Tomatenmark
200 ml Johannisbeersaft
2 EL Bratengewürz (Pfeffer, Knoblauch, Rosmarin, Wacholder, Paprika, Lorbeerblatt)
Etwas Öl
Salz

„Lecker dazu ist Zwiebelchutney – Seite 87!“

ZUBEREITUNG

Aus den Zutaten einen Teig kneten und eine halbe Stunde ruhen lassen.

100 g Karotten schälen und raspeln. 400 g Kimchi in feine Stücke schneiden. Kimchi mit 300 g Sauerkraut und Karotte mischen.

Teig zu einem Rechteck ausrollen. Der Teig sollte ca. 2 Millimeter dünn sein. Die Kimchimischung auf dem Teig verteilen und dabei am oberen Rand ein ca. 5 cm breites Stück frei lassen. Das mit Wasser bepinseln. Nun von unten den Teig aufrollen. Die Rolle in ca. 5 cm breite Stücke schneiden und mit Folie abdecken.

Für die Soße das Suppengrün waschen und grob schneiden. 1 Zwiebel waschen und ebenfalls grob schneiden. In einem möglichst breiten Topf (mehr Bodenfläche gibt mehr Platz um zu rösten und dem Gemüse Farbe zu geben – Ergebnis ist mehr Geschmack) etwas Öl erhitzen. Gemüse darin langsam dunkelbraun braten. 1 EL Tomatenmark dazu geben und ebenfalls sehr gut anbraten (nicht verbrennen!). Würzen. Ablöschen mit 200 ml Saft. Reduzieren bis es wieder brät. Aufgießen mit 1 L Wasser und für ca. 1h leicht köcheln lassen. Dann durch ein Sieb passieren. Evtl. noch etwas reduzieren oder abbinden, abschmecken. Beiseite stellen.

In einer Pfanne mit passendem Deckel etwas Öl erhitzen. Darin die Krautkrapfen von einer Seite dunkel anbraten, dann wenden. Nun ca. 1 fingerbreit Wasser in die Pfanne gießen. Den Deckel auflegen und die Krautkrapfen für 15 Minuten dämpfen. Deckel abnehmen und solange weiter braten, bis das Wasser verdampft ist und auch diese Seite der Krautkrapfen goldbraun gebraten ist.

WIRSING-CURRY
MIT KARTOFFELN UND KICHERERBSEN

ZEITEN Zubereitungszeit: 45 Minuten
MENGE 4 Portionen

ZUTATEN

500 g Wirsing
200 g vorwiegend festkochende Kartoffeln
1 kleine Zwiebel
1 Zehe Knoblauch
2 EL rote Currypaste
1 Glas Kichererbsen, ca. 350 g
200 ml Kokosmilch
½ TL Zucker
600 ml Gemüsebrühe
Salz, etwas Öl
6 Blätter Thaibasilikum
8 Stängel Koriander

ZUBEREITUNG

1 kleine Zwiebel schälen und fein würfeln. 200 g Kartoffeln schälen, in Würfel schneiden und sie bis zur Verwendung in kaltes Wasser legen.

500 g Wirsing putzen und in Würfel schneiden. Etwas Öl in einem Topf erhitzen. Zwiebel und Knoblauch anbraten. Wirsing und 200 g Kartoffeln dazu geben. 2 EL Currypaste dazu geben und kurz mitbraten.

Mit 200 ml Kokosmilch und Brühe aufgießen. Abgetropfte Kichererbsen dazugeben. Mit Salz, Zucker und gegebenenfalls noch etwas Currypaste abschmecken. Ca. 20 Minuten leicht köcheln lassen.

Mit Thai Basilikumblättern und Koriander garnieren.

Tipp Es braucht das bisschen Zucker, damit die Kokosmilch ihren ganzen Geschmack entfaltet. Wirsing kann mit Grünkohl ausgetauscht werden. Statt der Kartoffeln geht auch Kürbis oder Süßkartoffel.

LEBERSPÄTZLE

MIT BROKKOLI UND PFIFFERLINGEN

ZEITEN Zubereitungszeit: 1,5 Stunden
EQUIPMENT Spätzlehobel **MENGE** 6 Portionen

ZUTATEN

500 g Leber (Rind oder Schwein)
4 Stk. Eier
250 g Mehl
1 TL Majoran
Salz, Pfeffer, Muskatnuss

1 Kopf Brokkoli
200 g Pfifferlinge
40 g getrocknete Judasohren
3 EL Crispy Chili-Öl Seite 88
2 Frühlingszwiebeln
2 cm Ingwer
1 Zehe Knoblauch
¾ TL Rohrzucker
3 EL Sojasauce
1 EL Balsamico Essig
1 TL Speisestarke
2 EL geschmacksneutrales Öl

ZUBEREITUNG

Für die Leberspätzle die 500 g Leber fein wolfen. 4 Eier dazu geben. 250 g Mehl unterrühren und einen zähflüssigen Teig herstellen. Mit 1 TL Majoran, Salz, Pfeffer und Muskatnuss würzen.

Einen großen Topf mit Salzwasser auf den Herd stellen und das Wasser zum Kochen bringen. Den Spätzlehobel auf den Topf legen und den Trichter mit dem Leberspätzleteig füllen. Spätzle in das kochende Wasser hobeln. Wenn die Spätzle an der Oberfläche schwimmen, mit einem Schaumlöffel abschöpfen und in Eiswasser abschrecken. Den Vorgang wiederholen, bis der Teig aufgebraucht ist. Die Spätzle aus dem Eiswasser nehmen und ölen, damit sie nicht aneinanderkleben.

1 Kopf Brokkoli in Röschen teilen. 200 g Pfifferlinge putzen. 40 g Judasohren mit heißem Wasser übergießen und einweichen. 2 Frühlingszwiebeln in Ringe schneiden. 2 cm Ingwer schälen und fein hacken. 1 Zehe Knoblauch schälen und in feine Scheiben schneiden. 3 EL Sojasoße mit 1 EL Balsamico mischen und 1 TL Speisestäke einrühren.

Judasohren abschütten.

1 EL geschmacksneutrales Öl in einer großen Pfanne erhitzen. Darin den Knoblauch und den Ingwer anrösten. Brokkoli, Pfifferlinge und Judasohren dazu geben und kurz anbraten. Die Leberspätzle dazu geben und mitbraten. Sollten Sie nun merken, dass Ihre Pfanne zu voll ist, nehmen Sie ruhig Material aus der Pfanne und braten Sie das Gemüse und die Spätzle auf zweimal an. Mit der Sojasoßenmischung übergießen und kurz köcheln lassen, damit die Stärke die Flüssigkeit abbindet.

Nun das Crispy Chili-Öl Seite 88 dazugeben und mit den Frühlingszwiebeln bestreuen. Alles mischen und anrichten.

Viel mehr Fusion geht eigentlich nicht. Wer noch etwas mehr Exotic auf dem Teller haben möchte, brät sich noch Birnen mit dem Gemüse an. Dann ist es eine exzentrische Interpretation von Leber Berliner Art.

POT STICKER 1

MIT GERÄUCHERTEM TOFU

ZEITEN Zubereitungszeit: 1,5 Stunden
MENGE ca. 20 Stück

ZUTATEN

Pot Sticker

140 g Weizenmehl
80 g Wasser
1 TL Rote-Bete-Pulver

Füllung

200 g Hokkaido Kürbis
150 g geräucherter Tofu
100 g gekochte Maronen
1 Schalotte
Salz, Pfeffer, Raz el hanout

3 Blätter frischer Lorbeer
1 EL Öl
2 Stk. Frühlingslauch
1 EL Furikake Seite 83

ZUBEREITUNG

80 g Wasser aufkochen und 2 Minuten abkühlen lassen. In das heiße Wasser das Rote-Bete-Pulver rühren. Wasser zu 140 g Mehl geben, durchrühren und dann mit der Hand kneten bis der Teig weich ist. Der Teig sollte ein wenig nachgeben, wenn man in ihn drückt. Teig am besten in eine Plastiktüte geben und für ca. 40 Minuten ruhen lassen.

Für die Füllung 200 g Hokkaido Kürbis fein raspeln. 150 g Räuchertofu in feine Würfel schneiden. 100 g Maronen klein schneiden. Sie werden dabei etwas zerböseln, was nicht schlimm ist. 1 Schalotte schälen und fein würfeln. 2 EL Öl in einer Pfanne erhitzen und darin die Schalottenwürfel glasig dünsten. Kürbis, Maronen und Tofu dazu geben und für 3 Minuten mit dünsten. Würzen mit Salz, Pfeffer und Raz el hanout. Die Füllung aus der Pfanne nehmen und in einer Schüssel abkühlen lassen.

Den Teig in 40 gleich große Stücke teilen. Zu kleinen Kugeln formen und diese dünn (ca. 1-2 mm) und rund ausrollen. Sollte dir das zu kompliziert sein, dann kannst du den Teig auch durch die Nudelmaschine drehen und Kreise 8 cm Durchmesser ausstechen. Alle Teigstücke, die nicht verwendet werden, müssen gut abgedeckt sein, damit sie nicht austrocknen. Wenn sie austrocknen oder antrocknen, werden sie brüchig und lassen sich nicht mehr gut verarbeiten oder gehen beim Garen kaputt.

Lecker dazu ist dieser Dip

3 EL Sojasoße und 2 TL Balsamico Essig mischen. 1 Zehe Knoblauch schälen, fein hacken und zu der Sojasoße und dem Balsamico geben. Ein 3 cm großes Stück Ingwer schälen und fein reiben und zu den restlichen Zutaten geben.

POT STICKER 2

MIT GERÄUCHERTEM TOFU

ZUTATEN

Pot Sticker
140 g Weizenmehl
80 g Wasser
1 TL Rote-Bete-Pulver

Füllung
200 g Hokkaido Kürbis
150 g geräucherter Tofu
100 g gekochte Maronen
1 Schalotte
Salz, Pfeffer, Raz el hanout

3 Blätter frischer Lorbeer
1 EL Öl
2 Stk. Frühlingslauch
1 EL Furikake Seite 83

ZUBEREITUNG

Einen Teigkreis auf die Arbeitsplatte legen. Einen Teelöffel Füllung in die Mitte geben. Den Rand des Teigkreises zur Hälfte mit etwas Wasser befeuchten. Das untere Ende vom Teig nehmen und nach oben über die Füllung klappen und fest drücken.

Wenn alle Potsticker gefüllt sind, 1 EL Öl in einer Pfanne erwärmen. Die Potsticker in die Pfanne setzen. Sie können ruhig eng in der Pfanne sein, sollten sich aber nicht unbedingt berühren.

Die Teigtaschen für 1 Minute braten, dann Wasser in die Pfanne gießen und einen Deckel aufsetzen. Für 3 Minuten dämpfen lassen. Nun den Deckel zur Seite legen und solange braten lassen, bis das Wasser verdampft ist.

Einen großen Teller zur Hand nehmen und mit der schönen Seite über die Pfanne legen, dann die Pfanne mit dem Teller umdrehen, sodass die Potsticker aus der Pfanne gestürzt werden.

Lorbeerblätter in sehr feine Streifen schneiden. Etwas Öl in einer Pfanne erhitzen und darin den Lorbeer kurz knusprig braten. Aus der Pfanne nehmen und auf etwas Küchenpapier abtropfen lassen. Lorbeerstreifen über die Potsticker geben. 2 Stk. Frühlingslauch in feine Ringe schneiden und auch auf den Potstickern verteilen. 1 EL Furikake über den Potstickern verteilen.

Teigtaschen füllen und formen ist meine liebste Form der Entspannung. Es sind die immer wieder gleichen Handgriffe, die mit etwas Übung automatisch passieren. Ich muss dabei nicht nachdenken und kann meine Gedanken fliegen lassen. Was mich fasziniert, dass man in fast jeder Küche dieser Welt Teigtaschen in irgendeiner Form findet. Maultaschen in Schwaben, Ravioli in Italien, Piroggen in Polen, Wareniki in der Ukraine, Pelmeni in Russland, Meat Pies in Nigeria, Samosas in Indien, Har Gau in China, Gyoza in Japan und die Liste ginge noch munter weiter.

Neben der Tatsache, dass man Teig mit etwas füllt, finden sich auch ähnlich Garmethoden wieder. Die Potsticker werden, ähnlich wie die Krautkrapfen auch, erst angebraten, dann mit Flüssigkeit angegossen, gedämpft und erneut gebraten. Wenn man will, ist es sogar bei den Dampfnudeln das selbe Garmachungsprinzip.

SCHUPFNUDELN 1

MIT MOHN UND APFEL

ZEITEN Zubereitungszeit: 1 Stunde und über Nacht auskühlen lassen
MENGE 2 Portionen als Hauptgang // 4 Portionen als Dessert

ZUTATEN

500 g vorwiegend festkochende Kartoffeln
120 g Dinkelmehl
60 g Dinkelgrieß
1 Eigelb
25 ml Öl
Salz, Muskatnuss

2 Äpfel
1 EL Butter
2 EL Zucker
2 EL Whiskey

1 EL Öl
1 EL Mohn
1 EL gehackte Walnüsse
Etwas Puderzucker

ZUBEREITUNG

500 g Kartoffeln in der Schale kochen oder dämpfen. Schälen und über Nacht unter einem Küchentuch auskühlen lassen.

Kartoffeln pressen und mit 120 g Dinkelmehl, 60 g Dinkelgrieß, 1 Eidotter, Salz, Muskatnuss und 25 ml Öl verkneten.

In einem großen Topf Salzwasser zum Kochen bringen. Teig in 4 Teile teilen. Teile zu Strängen rollen und davon diagonal Stücke abschneiden. Die Kartoffelteigstücke nun unter der Handfläche zu Schupfnudeln formen. Die Schupfnudeln in das siedende Wasser geben und so lange sieden, bis sie an der Oberfläche schwimmen. Abschöpfen und in Eiswasser abschrecken. Aus dem Eiswasser nehmen, abtropfen lassen und dann einölen, damit sie nicht aneinander kleben.

SCHUPFNUDELN 2

MIT MOHN UND APFEL

ZEITEN Zubereitungszeit: 1 Stunde und über Nacht auskühlen lassen
MENGE 2 Portionen als Hauptgang // 4 Portionen als Dessert

ZUTATEN

500 g vorwiegend festkochende Kartoffeln
120 g Dinkelmehl
60 g Dinkelgrieß
1 Eigelb
25 ml Öl
Salz, Muskatnuss

2 Äpfel
1 EL Butter
2 EL Zucker
2 EL Whiskey

1 EL Öl
1 EL Mohn
1 EL gehackte Walnüsse
Etwas Puderzucker

ZUBEREITUNG

2 Äpfel schälen und in Spalten schneiden. 2 EL Zucker in einen Topf geben. Am Topf rütteln, dass der Zucker sich ganz gleichmäßig verteilt. Zucker karamellisieren. Dazu den Herd auf mittlere Temperatur anstellen. Es dauert sicherlich einige Minuten bis man sieht, dass da irgendwas passiert. Lieber mit niedriger Temperatur arbeiten und es dauert länger, als hohe Temperatur und dann verbrennt das Karamell.

Wenn der Zucker flüssig und leicht golden ist, 1 EL Butter und 2 EL Whiskey dazu gießen. Wenn es Klümpchen gibt, ist das nicht schlimm, einfach weiter auf dem Herd lassen und rühren, bis sie sich aufgelöst haben. Dann die Äpfel dazu geben und für ca. 3 Minuten köcheln lassen.

In einer großen Pfanne 1 EL Öl erhitzen und darin die Schupfnudeln stark anbraten. Die Schupfnudeln mit Mohn und Walnüssen bestreuen und für 1 Minute weiter braten.

Schupfnudeln auf einem Teller anrichten und mit den Äpfeln garnieren.

Tipp Lecker dazu ist Vanilleeis oder Walnusseis. Die Schupfnudeln lassen sich auch gut als salzige Beilage oder für Krautschupfnudeln verwenden.

SELLERIESCHNITZEL

MIT KARTOFFELSALAT UND FRITTIERTEN KAPERN

ZUTATEN

Schnitzel
6 Scheiben Sellerie
1 TL Quatre-épices
½ TL Salz
100 g Semmelbrösel

Kartoffelsalat
300 g vorwiegend festkochende Kartoffeln
Ca. 150 ml Ahorn-Senf-Dressing
1 Zwiebel
1 kleine Karotte
½ Salatgurke
4 Radieschen
1 TL mittelscharfer Senf

Für die Garnitur frittierte Kapern, Zitronenspalten, Kresse

ZUBEREITUNG

Als erstes den Sellerie schälen und in ca. 1,5 cm dicke Scheiben schneiden. Große Scheiben halbieren. In einem Topf 1 L Wasser mit Salz zum Kochen bringen. Die Selleriescheiben darin für 5 Minuten köcheln lassen. Aus dem Topf nehmen und in eine Schüssel geben. Mit ½ TL Salz und 1 TL Quatre-épices marinieren. Einen Deckel oder Teller auf die Schüssel legen und den Sellerie ziehen lassen.

300 g Kartoffeln waschen und in Salzwasser für ca. 20 Minuten weichkochen. 1 Zwiebel schälen und in feine Würfel schneiden. In einer Sauteuse etwas geschmacksneutrales Öl erwärmen und darin die Zwiebel glasig dünsten.

1 Karotte schälen und raspeln. Eine ½ Gurke schälen und in Scheiben schneiden. 4 Radieschen waschen und in Scheiben schneiden oder hobeln. Kartoffeln möglichst warm pellen und in dünne Scheiben schneiden. Es macht nichts, wenn die Scheiben zerbrechen. Alle Zutaten in eine Schüssel geben und mit dem Dressing marinieren. Die Kartoffeln „schlucken" viel vom Dressing. Evtl. noch etwas Gemüsebrühe dazu geben, damit der Salat schön „schlonzig" wird. Salat ziehen lassen.

Den Sellerie nun panieren. Der Sellerie sollte feucht schmierig sein. Ist er zu trocken, dann teelöffelweise Wasser zu den Schnitzeln gegeben werden. Dazu die Semmelbrösel auf einen Teller geben und darin die Sellerieschnitzel wenden. In einer großen Pfanne einen fingerbreit Öl erhitzen und darin die Schnitzel braten. Die Schnitzel sollen genug Platz in der Pfanne haben und fast im Fett schwimmen. Die Brösel sollen langsam eine goldbraune Farbe bekommen. Dann die Schnitzel aus der Pfanne nehmen und auf etwas Küchenpapier abtropfen lassen.

Kartoffelsalat auf einen Teller geben. Schnitzel dazu legen und mit Kapern, Zitrone und Kresse garnieren.

„Lecker dazu ist auch Zwiebelchutney oder Petersilien-Pesto."

KNÖDELNOCKERL

MIT BLAUSCHIMMELKÄSE, RAHMWIRSING UND BIRNE

ZEITEN Zubereitungszeit: 1,5 Stunde
MENGE 4 Portionen

ZUBEREITUNG

Knödelnockerl

375 ml Milch und 100 g Butter erwärmen. 400 g Knödelbrot in eine Schüssel geben und mit der warmen Milch übergießen. Alles durchrühren. 4 Eier dazu geben. Mit Salz, Pfeffer, Muskatnuss und ½ TL Kaffee würzen. Abdecken und beiseite stellen.

150 g Käse in 12 Stücke teilen. Die Knödelmasse in 12 gleiche Teile teilen und je ein Stück Käse in die Mitte drücken. Mit den Händen Nocken formen.

In einer Pfanne etwas Öl erhitzen und darin die Nocken von allen Seiten anbraten. Die Nocken auf einen Teller geben und im Ofen bei ca. 75 °C warm stellen.

Wirsing

800 g Wirsing in feine Streifen schneiden. Etwas Öl in einem Topf erwärmen und darin den Wirsing sautieren. 350 ml Sahne aufgießen und mit Salz, Muskatnuss würzen. Sanft für 8 Minuten ohne Deckel köcheln lassen. Dann 3 EL Meerrettich einrühren.

Birne

2 Birnen schälen und sechsteln. 2 cm Ingwer fein hacken oder reiben. Pfeffer und Piment zerstoßen. Beides trocken in einer Pfanne anrösten. Dabei sollte die Temperatur der Pfanne ca. 130 °C haben. Ist die Pfanne heißer als 175 °C verbrennen die ätherischen Öle. Zu den Gewürzen nun den Ingwer, die Birnen und den Vanillezucker geben. 1 EL Wasser dazugeben. Alles zusammen glacieren.

Rahmwirsing auf einen Teller geben darauf Knödelnockerl setzen und die Birnenspalten dazwischen geben. Den Saft der Birnen auf den Nockerl verteilen.

ZUTATEN

Knödelnockerl

375 ml Milch
100 g Butter
400 g Knödelbrot
4 Eier
150 g Blauschimmelkäse, z. B. Gorgonzola
Salz, Pfeffer, Muskatnuss
½ TL Kaffee

Rahmwirsing

800 g Wirsing
2 EL geschmacksneutrales Öl
350 ml Sahne
Salz, Muskatnuss
3 EL frisch geraspelter Meerrettichoder aus dem Glas

Birnen

2 reife Birnen
2 cm Ingwer
5 schwarze Pfefferkörner
4 Pimentkörner
1 EL Vanillezucker

Etwas Öl zum Braten

Tipp Übrig gebliebene Nockerl kann man am nächsten Tag zu Salat essen. Dazu die Nockerl mit Ahorn-Senfdressing Seite 81 übergießen und 20 Minuten ziehen lassen.

Die Nockerl kann man gut einfrieren. Dazu die rohe Masse zu Nockerl formen und dann einfrieren. Vor dem Verwenden aus dem Gefrierschrank nehmen und antauen lassen

DIM SUM 1

MIT METT, ROTKRAUTSALAT UND CUMBERLAND-SOSSE

ZEITEN Zubereitungszeit: 1,5 Stunden
MENGE ca. 30 Stück
EQUIPMENT Bambusdämpfer oder Dämpfaufsatz für einen Topf // Evtl. Nudelmaschine

ZUTATEN

Teig
80 g heißes Wasser
150 g Weizenmehl

Füllung
40 g getrocknete Shiitake
400 g Mett
1 Zehe Knoblauch
1 Schalotte
1-2 EL Sojasoße
1 TL geröstetes Sesamöl

ZUBEREITUNG

Dim Sum
80 ml Wasser zum Kochen bringen. 2 Minuten warten und dann 80 ml vom heißen Wasser zu 150 g Mehl geben und kurz mit einem Löffel oder Essstäbchen durchrühren. Danach den Teig so lange kneten, bis er weich ist. Abgedeckt für ca. 40 Minuten ruhen lassen.

Füllung
40 g Shiitake Pilze mit Wasser übergießen und 30 Minuten ziehen lassen. 400 g Mett in eine Schüssel geben. 1 Zehe Knoblauch schälen und fein hacken, zum Mett geben. 1 Schalotte schälen und fein würfeln, und mit 2 EL von dem Einweichwasser der Pilze zum Mett geben. Die Shiitake ausdrücken und fein hacken und hinzugeben.

Wichtig: Teig, der nicht in Verwendung ist, bitte immer abdecken. Den Teig zu einem Strang formen und in 40 gleiche Teile schneiden. Einzelne Teigkugeln formen und diese dann rund ausrollen. Die andere Option ist, den Teig durch die Nudelmaschine zu drehen und Kreise auszustechen. Das geht sehr schnell und ist vom Aufwand her überschaubar. Die ausgestochenen Kreise oder ausgerollten Teighüllen mit ein wenig Speisestärke bestreuen, damit sie nicht aneinander kleben bleiben und immer abdecken.

Wie macht man eigentlich Mett? Man braucht für 4 Portionen 400 g mageres Schweinefleisch, 150 g Schweinebauch, 2 Stk. Zwiebel + 1 zur Garnitur, 1 TL Salz und Schwarzen Pfeffer aus der Mühle. Zuerst das Fleisch trocken tupfen und in grobe Stücke schneiden. Zwiebeln schälen und in Viertel schneiden. Nun das Fleisch zusammen mit den Zwiebeln durch die feine Scheibe vom Fleischwolf drehen. Mit Salz und frischem, schwarzen Pfeffer würzen und dann kurz durch kneten. Das Mett mit frischen Zwiebeln garnieren und knusprigen Semmeln/Brötchen servieren.

Cumberland-Soße ist ein von mir sehr geliebter Oldie. Wenn ich nur schon Cumberland-Soße denke, öffnet sich in meinem Kopf eine Türe und ich sehe unsere alte Kegelbahn, die Wände mit großen weißen Tüchern abgehängt, Kerzen, Girlanden, festlich gekleidete Gäste und in der Mitte ein schier endloses Büffet mit geräuchertem Lachs auf Spiegeln, Pasteten angerichtet wie Mandalas, überquellende Schalen mit Garnelen und dazu natürlich auch die beiden Grand Dames der Soßenklassiker: Cocktial und Cumberland-Soße.

DIM SUM 2

MIT METT, ROTKRAUTSALAT UND CUMBERLAND-SOSSE

ZEITEN Zubereitungszeit: 1,5 Stunden
MENGE ca. 30 Stück
EQUIPMENT Bambusdämpfer oder Dämpfaufsatz für einen Topf // Evtl. Nudelmaschine

ZUBEREITUNG

In einem Topf, auf den der Bambussteamer passt, 1 L Wasser zum Kochen bringen. Den Bambussteamer einölen und mit Backpapier auslegen. Das Papier dann einritzen, damit der Dampf gut nach oben dringen kann.

Rotkrautsalat
750 Rotkraut putzen. Dazu die äußersten Blätter entfernen und den Strunk heraus schneiden. Kraut fein hobeln. 1 Apfel waschen und in feine Stifte schneiden. Kraut mit ½ TL Salz, 1 EL Zucker, 65 ml Essig, 1 EL Meerrettich und ÖL marinieren. Dabei die Zutaten für ca. 2 Minuten kräftig mit den Händen kneten. Nun die Apfelstifte dazu geben und durchrühren.

Cumberland-Soße
Für die Cumberland-Soße 300 g Johannisbeergelee in einen kleinen Topf geben. Die Schale von der Zitrone und der Orange abreiben und zum Gelee geben. Den Saft von ganzen Orange und den Saft von ½ Zitrone zum Gelee pressen. Unter ständigem rühren das Gelee aufkochen. Dabei wird es dünnflüssiger. Nun 3 EL Portwein, ½ TL Senfpulver und 1 EL Worchestershire-Soße einrühren.

ZUTATEN

Rotkrautsalat
750 g Rotkraut
1 großer Apfel
½ TL Salz
1 EL Zucker
1 EL Meerrettich
65 ml Apfelessig
4 EL ÖL

Cumberlandsoße
300 g Johannisbeergelee
1 Stk. Schalotte
1 Stk. Orange
1 Stk. Zitrone
½ TL Senfpulver
1 EL Worcestershire Soße
3 EL Portwein

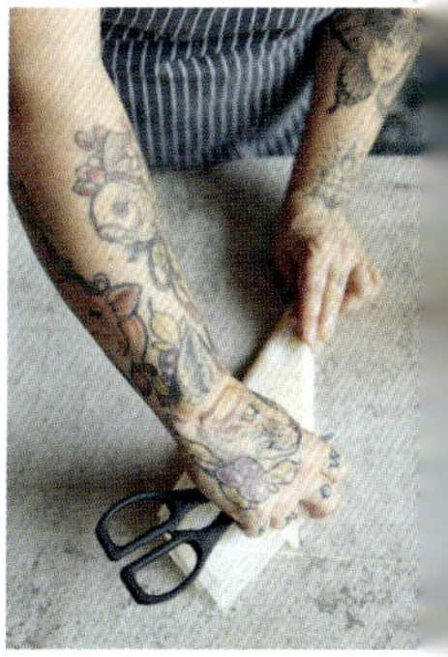

DIM SUM 3

MIT METT, ROTKRAUTSALAT UND CUMBERLAND-SOSSE

ZEITEN Zubereitungszeit: 1,5 Stunden
MENGE ca. 30 Stück
EQUIPMENT Bambusdämpfer oder Dämpfaufsatz für einen Topf // Evtl. Nudelmaschine

ZUBEREITUNG

Füllen
Zum Füllen 1 TL der Masse in die Mitte eines Teigkreises geben. Das untere Ende vom Teig nach oben falten und fest drücken. Dann je 1 Falte vom Rand zur Mitte hin machen. Das verschlossene Dim Sum in den Steamer setzen. Den Steamer mit weiteren Dim Sum füllen. Die Dim Sum sollten sich nicht berühren. Den Bambussteamer mit dem Deckel verschließen und auf den Topf setzen. Für ca. 8 Minuten dämpfen. Dim Sum entweder im Steamer lassen oder auf Tellern anrichten.

DANKE OMA EDITH – FÜR DEINE SELBSTVERSTÄNDLICHE FÜRSORGE …

… für die vielen Filme und Serien, die du für uns auf Videokasetten aufgenommen hast; ich bin heute noch imponiert davon, dass du einen Videorecorder mit Showview programmieren konntest; für deine klare Alltagsstruktur; für die ganzen Socken und Pullover, die du für uns gestrickt hast und natürlich, dass du für uns gekocht hast und das mich dein Essen, die Tischkultur, deine unaufgeregte Haltung zum Leben geprägt haben. Dein Sinn für Gerechtigkeit sucht seinesgleichen.

Opa Erwin, meiner ganzen Familie in Minden, Mama und Papa, Bianca und Peter – dass ihr mich machen lasst, was ich will, Sebastian und Raja, Anna-Lena und Patrick, Andrea, Anna, Tante Susi, Sandra und Markus, Babsi, Lydia, Christiane, Suse, dem Nenningschen Familien-Clan, Julia, Oliver und Anette, Sven, Tim, Tim, Mary Anne, Kea, Mariia, Hannes, der Insta Gemeinde, Rashnu, Thomas, Sabine, Nadja, Irmi und Familie, Bauer Heini, Robert Adelwarth, Familie Siegel, Susanne Pichler, Familie Ruppaner, Pia, Renate, Luka, Martina und der Familie Frank, Maria-Luise, Bio Bauern Sulzberg, Familie Hosang, Johannes Egger, Landi, Söhnke, Christoph Stöckli, Inge Feiler, Anita Mutschall, meinen Patenkindern Hannah & Martha, Josefine, Adelina, Natalie, Markus Keller, Elina und Ninia

BRADY
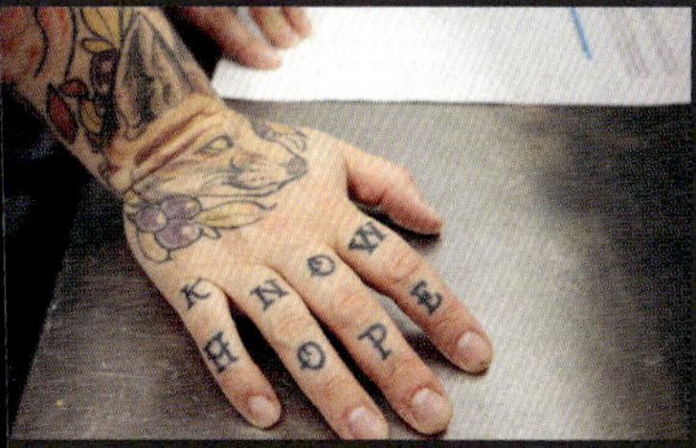
KNOW
HOPE